JN188606

改訂版

Q&A

弁護士 のための SNS の正しい 活用術

広島弁護士実務研究会 編著

第一法規

改訂版　はしがき

　初版の発行から5年ほど経ちました。Twitter も X に変わりました。法曹界の内外を問わず、私たちが初版を執筆していた時と比べると、SNS 活用に伴うトラブルは増加している印象があります。また、営業目的での SNS 活用には動画を使った手法なども増え、当時よりも多様化している印象です。時代とともにスピーディーに変化するからこそ、本書も改訂の必要があるのだと思いました（なお、改訂作業を進めている間でさえ、X のブロック機能において、ブロックした相手のアカウントからも自分のポスト内容が見えるようになるという仕様変更がなされ、そのスピード感には私たちも驚かされました）。

　SNS をきっかけとした懲戒請求や訴訟などの事例も実際に散見されるようになりました。各人が「この投稿はマズいのでは？」と思ったり「いや、このくらいはセーフでしょ」と思ったりすることはあるでしょうが、セーフ／アウトの線引きをどうやってするのか。各人の感覚のみに頼ればいいというものではありません。やはり裁判例でどのような判断がされているのかは、線引きの一助となるでしょう。そこで改訂版には、SNS に関連する裁判例紹介を追加することとしました。

　民事・刑事問わず、証拠として SNS が出てくることはもうまったく珍しくありません。自身で SNS のアカウントを取得していない弁護士でも、業務のためには最低限の知識を身につけておく必要があるでしょう。そのような方が SNS についての知識を得るきっかけとして本書を選んでくれたら嬉しいです。

令和6年11月

編集代表　森山　直樹

初版 はしがき

　はじめにこのような本を書いてみたいと思ったきっかけは、同業者のSNSを見ていて、「これって書いて大丈夫なの？？」と思うことが何度もあったことでした。仕事上感じた疑問や怒り、面白かった出来事などをSNSに投稿するのは、弁護士に限ったことではないでしょう。「今日はこんな事件の期日があったんだけど裁判官にこんなことを言われた」「今日の相談者がこんな人だった」などなど、弁護士もそのような仕事上の出来事を投稿している人は多く、SNSで繋がっていれば頻繁に目にします。ただ、弁護士の仕事の特殊性としては、守秘義務を負っているという点があります。もちろん、それぞれの弁護士が守秘義務その他関係規程の存在についてわかったうえで書いていることだとは思うのですが、弁護士によって、どこまで具体的に内容を書いているかは区々で、それぞれがそれぞれの基準で書いているように感じ、これを理屈的な整理ができないものか、と考えるようになりました。

　そのようなことを各所で言っていたところ、このような本を執筆する機会をいただきました。共同執筆者として誰に頼むか、という点については悩みませんでした。幸いなことに、そのすべての方に断られることなく、執筆がスタートしました。執筆者間での会議は非常に面白く、議論が途切れない状況でした。「自分的にはこういう投稿はアウトだと思うのだけれどこれはどういう理屈だろう」「でもその理屈ならこのような場合もアウトになりおかしくならないか」など、会議の内容を録音して本にした方がよいのではないかと思うこともしばしばでした。

　しかし、いざ本にしようとしてみると、守秘義務の問題にとどまらず、民法や刑法、著作権法などに立ち入らなければならなくなり、その調査・整理は想定より多岐にわたることとなりました。

　また、ちょうど執筆している頃、弁護士に対する懲戒請求が話題になり、この話題とSNSが大きく関係していることから、そのタイミングでこのよ

うな本を執筆することの責任のようなものをより感じるようにもなりました。

　ただ、あくまでこの本は、「SNSを活用して欲しい」というコンセプトで製作することになったものであり、リスクばかりを説明して、この本を読んだ方が「やっぱり怖くてSNSはやらない方がいいな」と思ってしまっては本末転倒となります。そういった点も十分に考え、人気ツイッタラー（ツイッターを活用する人のこと）による座談会など、SNS初心者はもちろん、SNSを既に利用している方にも楽しめるような工夫を考えました。

　最近は、自分自身がSNSを利用していなくても、SNSが証拠として訴訟に提出されることも珍しくなくなり、弁護士の仕事においてもSNSに関する知識の重要性は高まっているといえます。また、弁護士会自体がSNSアカウントを取得しているという単位会も複数あり、日弁連にもアカウントがあるため、それらの管理・運営をする弁護士の方もいることでしょう。

　さらに、執筆の真っただ中であった平成30年7月、我々執筆陣の住む広島などでは豪雨災害により甚大な被害が発生しました。この時も、広島弁護士会が直ちに無料法律相談を実施する旨をSNSにて告知し、即時に拡散されるなど、SNSが情報発信手段として効果を発揮しました。

　このように、弁護士とSNSは業務や会務という点でも密接に関連するようになってきています。この本で、SNSを身近に感じていただき、同時に最低限の知識やルールを取得し、趣味や業務に役立てていただくことができれば幸甚です。

　民事訴訟のIT化が検討されるなど、我々の業界も大きく変わっていく可能性がある中で、法律家の基本である、関係法令等についての理論的な解釈を整理したうえで、品位をもって楽しくSNSライフを満喫してください。

平成31年1月

編集代表　森山　直樹

凡　例

1）内容現在

　本書は、令和6年11月30日内容現在にて執筆・編集をしています。

2）裁判例の書誌情報事項の表示

　裁判例の末尾に、第一法規株式会社の判例情報データベース「D1-Law. com　判例体系」の検索項目となる判例 ID を〔　〕で記載しています。

　例：最判平成 21・4・28 民集 63 巻 4 号 853 頁〔28151361〕

3）参考文献

　本書は、以下の文献を参考にして執筆しています。

- 清水陽平・神田知宏・中澤佑一著『ケース・スタディ　ネット権利侵害対応の実務－発信者情報開示請求と削除請求－〈改訂版〉』新日本法規（2020 年）
- 佃克彦著『プライバシー権・肖像権の法律実務〈第 3 版〉』弘文堂（2020 年）
- 松尾剛行著『最新判例にみるインターネット上のプライバシー・個人情報保護の理論と実務』勁草書房（2017 年）
- 松尾剛行・山田悠一郎著『最新判例にみるインターネット上の名誉毀損の理論と実務〈第 2 版〉』勁草書房（2019 年）
- 大家重夫著『肖像権〈改訂新版〉』太田出版（2011 年）
- 静岡県弁護士会編『新版　情報化時代の名誉毀損・プライバシー侵害をめぐる法律と実務』ぎょうせい（2010 年）
- 鳥飼重和監修、神田芳明・香西駿一郎・前田恵美・深澤諭史著『その「つぶやき」は犯罪です－知らないとマズいネットの法律知識－』新潮社（2014 年）
- 深澤諭史著『Q & A　弁護士業務広告の落とし穴』第一法規（2018 年）
- 牧野和夫著『初めての人のためのビジネス著作権法』中央経済社（2017 年）

・公益社団法人日本写真家協会編著『Q & A で学ぶ写真著作権〈第 2 版〉』太田出版（2016 年）
・東京弁護士会弁護士研修センター運営委員会編『弁護士専門研修講座インターネットの法律実務』ぎょうせい（2014 年）
・清水陽平著『サイト別ネット中傷・炎上対応マニュアル〈第 4 版〉』弘文堂（2022 年）
・小山博章・中山達夫・石井拓士・町田悠生子著『労務専門弁護士が教える SNS・IT をめぐる雇用管理－Q & A とポイント・書式例－』新日本法規（2016 年）
・中澤佑一著『令和 3 年改正法対応　発信者情報開示命令活用マニュアル』中央経済社（2023 年）

裁判所略語

最	最高裁判所
高	高等裁判所
知財高	知的財産高等裁判所
地	地方裁判所

判例出典略語

民集	最高裁判所民事判例集
刑集	最高裁判所刑事判例集
集民	最高裁判所裁判集民事
判タ	判例タイムズ
判時	判例時報
裁判所 HP	裁判所ウェブサイト

目次 改訂版 Q&A 弁護士のための SNS の正しい活用術

改訂版　はしがき

初版　はしがき

凡例

第1

弁護士がSNSを
始めてみる

はじめに

Q1 本書の目的はどのようなものですか。

Q2 具体的に SNS でどのようなトラブルが生じる可能性がありますか。

A1　本書は、SNS を利用している弁護士や司法修習生、法律事務所の事務員などに投稿の際の注意点を整理・可視化して利用の際の一助にしてもらうとともに、まだ SNS を利用していない方々にも利用のきっかけにしていただくことなどを目的としています。

A2　守秘義務違反や品位を欠く投稿として、民事上刑事上の請求や懲戒請求されることなどが考えられます。

解説

（1）昨今、様々な SNS が普及しており、弁護士の利用者も多く見受けられます。その利用方法は、完全に趣味や私生活の投稿のみの方、投稿はせずに見る専門の方、業務に関連する投稿を積極的に行う方など様々です。

　SNS の利用には、様々な人と交流ができたり、業務に関連するかどうかにかかわらず有益な情報が素早く入手できたりするなど多くの利点があります。

　しかし他方で、使い方を間違えてしまうと、職務上知り得た秘密を漏らしてしまったり、他人の名誉を侵害してしまったりするなど、トラブルに発展してしまうリスクもあるでしょう。

　弁護士の仕事には公益的側面があり、公の利益のために情報を発信する必要性が高いと判断する事態に遭遇することもあると考えられます。また、そのような目的はなくても仕事の愚痴を吐き出す場として SNS を利用する人もいるでしょう。しかし弁護士には守秘義務があり（弁護士法 23 条・弁護士職務基本規程 23 条）、職務上知り得た秘密を正当な理由なく漏らすことは

許されません。

　「公益目的だから正当な理由があるのだ」「そもそもありふれている事件についてのことだから秘密には該当しないのだ」などと自身で判断して投稿している人がほとんどだと思われます。また、いわゆる匿名アカウントの場合、「そもそも自分がどこの何という弁護士なのか把握されていないのだからある程度具体的な投稿をしても大丈夫だろう」と考える人も少なくないでしょう。

　これらの判断は、あくまで自身の「感覚」で判断している人が多いと思われます。この点について、弁護士法や弁護士職務基本規程の解釈、過去の懲戒事由等から一定の理論的な整理をして投稿の際の一助としてほしいということが、本書の大きな目的の 1 つです。

　もう 1 つの目的は、SNS をまだ利用していない人に SNS を知ってもらい、利用を始めるきっかけにしてもらうことです。

　SNS をまだ利用していない人には、そもそも全く SNS に興味がない人もいるでしょうが、「興味はあるがなんとなく怖い」など、抽象的な不安感からアカウントを作成するに至っていない人も一定数いると考えられます。そのような人に、SNS の具体的なイメージを持ってもらい、「とりあえずやってみるか」と思ってもらえれば幸いです。

　また、自分の雇用する事務員や、自分のところで修習する司法修習生が SNS を利用しているということも珍しくないでしょう。そのような人たちが守秘義務に違反する投稿をしてしまった場合には、たとえ自身が SNS を利用していなかったとしても法的責任を負いかねませんので、昨今は自分が SNS を利用するつもりがなくても、SNS について知っておく必要性は高いと考えられます。

　さらに、SNS についての一定程度の理解があることは、弁護士業務をするうえでも有益であると考えられます。近時は証拠として SNS における投稿が提出されることも珍しくありません。このような場面に遭遇したときに、SNS に関する一定程度の理解がなければ証拠の吟味ができなかったり、SNS について知らないがゆえに新たな証拠を入手できなかったりというこ

とにもなりかねません。SNS についての知識差が紛争解決に影響を与える時代といっても過言ではないでしょう。

　例えば、依頼者・相談者や相手方が SNS を利用していることも多くなり、自身が SNS を利用していなくても、SNS 上で誹謗中傷を受けたり、業務妨害を受けたりすることもあり得るので、これからの弁護士業務をスムーズに行う上でも、一定程度 SNS の知識を得ておく必要性はあります。

（2）他方で、SNS をきっかけとして、業務とは無関係のところで弁護士が懲戒請求される事態に発展するというケースも現実に起きており、特定の弁護士が大量の懲戒請求を受けたという事例も存在します。

　十分な注意を尽くしていてもそのような事態に発展することを完全に避けることができるわけではありませんが、過度に恐れることなく、他方で無自覚に危険な投稿をすることを避けるためにも SNS の概要を知っていただくことも本書の目的としております。

1 ┃ SNS の前提知識

（1）各 SNS の比較・用語

Q3 SNS にはどのような種類があるのですか。

Q4 SNS の機能や用語がわかりません。

A3　X（旧 Twitter）、Facebook、LINE、Instagram などがあります。本書では X や Facebook に関する記述を中心とします。

A4　以下の解説欄において主な SNS とその用語等について説明します。

解 説

（1）　X（旧 Twitter）

　アメリカの X Corp. が提供する SNS です。原則として 140 字以内の文章と写真・動画を投稿することができ、「短文投稿サイト」などと説明されてきましたが、ユーザーが有料サブスクリプションサービス（プレミアム）の認証登録を行うことにより、140 文字以上の長文を投稿することができるようになりました。また、一度投稿されたものは修正できず、投稿者が削除することしかできませんでしたが、上記の有料認証登録をしたユーザーは過去の投稿の修正をすることができるようになりました。スペースというライブ音声配信の機能もあります（単独または複数のアカウントからの配信ができます）。アカウント同士でダイレクトメッセージの通信（非公開の直接のやりとり）をすることも可能です。

　国の機関や自治体、企業などの多くが公式アカウントを開設して、情報発信に利用しています。そのため、緊急時・災害時の情報インフラとしても利用されています。匿名・顕名の弁護士や法律事務所のアカウントも数多くみられます。また、最高裁判所も 2024 年 10 月に公式アカウントを開設して、運用を開始しています。もっとも、2022 年にイーロン・マスクが Twitter,

Inc. を買収し、サービス名を「X」に変えるなど、その性質は変わりつつあります。利用者の中には新しいサービスや変化に対応することを好まず、慣れ親しんだ以前の呼称（ツイッター、ツイート、リツイート等）を使い続ける人も少なくありません。

ア　アカウント

　無料の利用登録をすることによって取得できる X の上での人格のようなものです。Twitter の場合、複数のアカウントを 1 人で取得できます。

イ　タイムライン（TL）

　2024 年時点で X のタイムラインには 2 種類あります。1 つは、「フォロー中」のタイムラインで、自分の投稿（Twitter の時代には「ツイート」といわれていましたが、X に変わってからは「ポスト」と呼称されています）や、自分がフォローしたアカウントの投稿、そのアカウントがリポスト（リツイート）した投稿などが表示されます。有料サービスの登録をして制限しない限り、広告のポストも表示されます。もう 1 つは、「おすすめ」のタイムラインで、X Corp. が組んだアルゴリズムによって、自分の興味がありそうな投稿が表示されます。例えば、X でプロ野球の動画をよく見ていると、プロ野球の動画を載せた投稿や関連した投稿が多く表示されるようになります。

ウ　フォロー

　そのアカウントの投稿やリポストが自分のタイムラインに表示されるようになることを「フォロー」といいます。継続的に投稿やリポストを見たいアカウントは、フォローをするか、アカウントのリストに登録することによって、逃さずに見られるようになります。

エ　フォロワー

　あるアカウントをフォローしている人のことを「フォロワー」といいます。フォロワー数とはそのアカウントをフォローしているアカウントの数です。一般的には、フォロワー数が多ければ多いほど発信力が大きいアカウントであるといえます。

オ リポスト（リツイート）

　他人のポストを自身の投稿と同様に表示させることです。これによってその投稿を自分のフォロワーに見せることができるようになります。Twitterの時代には「リツイート」といわれていましたが、X に変わってからは「リポスト」と呼称されています。このリポストを積極的に行ったり、他者にも促したりすることによって、対象の投稿をより多くの人に見せようとする行為を「拡散」と呼ぶこともあります。

　X が提供する上記の公式機能とは別に、他のアカウントの投稿をコピー&ペーストしたり、スクリーンショットした画像を投稿したりするなどの方法によるリポスト（リツイート）のことを、非公式リポスト（非公式リツイート）といいます。

カ いいね

　本来の意味では賛同を示すものですが、ブックマークのように使用する人もいて、ユーザーによって用途は様々です。単にそのポストを見たことを投稿主に伝える意図で使われる場合もあります。以前はお気に入り（Favorites）と称されており、その名残で「ふぁぼ」と呼ばれることもあります。

　特定のアカウントが「いいね」を付けた投稿の一覧や、特定の投稿に「いいね」を付けたアカウントの一覧は、他のアカウントからも見ることができていましたが、2024 年 6 月から、すべてのユーザーを対象に「いいね」が非公開となりました。この仕様変更により、閲覧者があるアカウントのプロフィールページを確認しても、そのアカウントが過去にどのような投稿に「いいね」をつけたかはわからなくなりました。ただし、いいねを付けられた投稿をしたアカウント（投稿主）からは、どのアカウントから「いいね」を付けられたのかを見ることはできます（投稿主がフォローしていない非公開アカウントによる「いいね」は見えません）。

キ リプライ

　他人のポストにコメント（返信）をすることです。元のポストにぶら下がるように表示されます。「リプ」と略されることもあります。ダイレクトメッセージとは異なり、返信先のアカウントだけでなく、フォローしているア

カウントからは見ることができます。

ク　非公開アカウント（鍵付きアカウント・鍵アカ）

　自身のツイートの公開範囲に限定を設け、自分のフォロワー以外に投稿が見えないようにすることです。フォロー申請が承認されないと、非公開アカウントのツイートを見ることはできません。

ケ　ブロック

　特定のアカウントとの関わりを制限（拒否）する機能です。従前は、特定のアカウントからのフォローを拒否し、併せて、当該アカウントから自分のポスト内容を見えないようにする機能でした。しかし、2024年11月5日からXの仕様変更がなされ、自分のポスト内容を見えないようにする機能はなくなりました。現在は、フォロー拒否のほか、自分のポスト内容は見られますが、自分のポストに対する反応（いいね、返信、リポストなど）を拒否する機能になっています。

　誰かからブロックされた場合でも、ブロックされた旨の通知は届きません。ただし、ブロックされているときに、ブロックしたアカウントのプロフィールを見ると、自分がブロックされていることがわかります。

コ　ミュート

　特定のユーザーのポストを自分のタイムラインに表示させなくする機能です。相手へのフォローは解除されず、相手が自分をフォローしているときはそのフォローは継続されます。相手からのリプライは、フォローしている相手の場合には通知されますが、フォローしていない場合は通知されなくなります。フォローの解除（リムーブ）と異なり、対象の相手にはミュートされたことは通知されません。見たくないアカウントの投稿を見ずに済むための機能です。

　また、Xには、指定する特定の言葉を含むポストをタイムラインに表示させなくするミュート機能もあります。

サ　炎上

　Xに限りませんが、一般的に、あるポストが不特定多数の大勢に拡散され、非難のコメントなどが殺到することを指します。炎上して不特定多数の

注目を浴びたときには、過去のポストから住所氏名が特定され、それが晒されたり脅迫に発展したりするなどの悪質なケースもあるので注意が必要です。他の SNS やブログのコメント欄においても同様の現象は起こり得ますが、X はその拡散力の高さのため、炎上しやすい SNS といえます。

シ ダイレクトメッセージ（DM)

タイムラインとは無関係に、直接メールのような形でアカウントの間でメッセージや画像等のやりとりをする機能です。複数人のグループでのやりとりも可能です。同様の機能は他の SNS においても存在します。

ス ハッシュタグ（#)

特定のトピックに関する投稿を、公式の検索から一覧して見ることができるように、キーワードの前に半角の#を付けてポストすることをいいます。特定のキーワードで検索する人に見てもらいたいポストに利用されます。

セ リスト

任意の名前を付けたリストでアカウントを分類する機能です。フォローしているか否かにかかわらずアカウントをリストに入れることができ、リストに登録したアカウントのみのタイムラインを見ることができます。リストは公開または非公開を設定でき、非公開とすればリストに登録したことは相手に知られず、自分しか見られないリストになります。たとえば、自分が閲覧していることを相手に知られたくないアカウントは、フォローせず、非公開リストに加えておくことで、ポスト内容を確認しやすくなります。

ソ スペース

ボイスチャット機能で、ラジオ放送のように使うことができる機能のことを「スペース」といいます。複数のアカウントによる会話を発信して、スペースに入室したアカウントのみ聞くことができます。配信をするアカウントは、スペースでの音声を録音して後に共有することもできます。

タ コミュニティノート

ある投稿の内容が、誤っていたり、誤解を招く内容であったりする場合に、そのほかのユーザーが、内容の訂正や背景情報の追記などを行うことができる、「コミュニティノート」という機能があります。

　この機能が導入される前は、投稿に対する返信（リプライ）で、訂正が行われたりしていましたが、多くの投稿に埋もれるなどして、訂正内容が他の閲覧者から見えにくく、誤った情報が誤ったまま拡散されてしまうという課題がありました。コミュニティノートは、当該投稿と合わせて表示されるため、コミュニティノートが付けられていることは他の閲覧者の目にも一目瞭然となっています。また、コミュニティノート自体も他の利用者から評価を受ける仕組みになっています。コミュニティノートを作成できるのは、プレミアムの認証登録を行い、さらにコミュニティノートの評価に一定程度関わったアカウントに限られています。

（2）　Facebook

　Facebook は、アメリカに本社を置く Meta Platforms, Inc. が運営する SNS ですが、利用規約によれば日本でサービスを提供しているのはアイルランド法人とされています（2024 年 6 月現在）。「実名制の SNS」であるといわれており、原則としてひとり 1 アカウントのみ、実名で登録する利用規約となっています。もっとも、匿名、仮名での登録やなりすましも可能です。文章のほか、写真や動画を投稿することができます。また、ストーリーという 24 時間だけ表示される写真・動画の投稿機能、アンケートやイベントの案内機能、グループページを作り交流する機能があります。ビジネス用のページを設置することも可能であり、法律事務所がアカウントを持っている例もみられます。

　実名が原則であることから、実社会のつながりと重複する交流媒体として利用されていることが多いようです。一方、その性質のためか、利用者の年齢層は若干高めであると思われます。アカウント同士でメッセンジャーの機能を使い、非公開でダイレクトメッセージのやりとりをすることも可能です。

ア　アカウント

　Facebook のアカウントは実名での取得が原則であることから、X のように 1 人で複数のアカウントを取得することは基本的に想定されていないよう

です。

イ シェア

他人の投稿を自分のタイムラインに表示させることです。もっとも当該他人の投稿に公開範囲の限定がかかっている場合、シェアをしてもその公開範囲内の人しか閲覧できません。

ウ タグ付け

「人にタグ付けすると、その人のプロフィールへのリンクが作成されます。(中略) 人にタグ付けした投稿は、タグ付けされた人のタイムラインにも追加される場合があります」(Facebook 公式サイトの説明より引用)。例えば、A さんが B さんをタグ付けし「B さんと飲んでいます」と投稿すると、A さんのタイムラインだけでなく、B さんのタイムラインにも A さんの投稿が表示されます(閲覧制限やタグ付けの拒否を選択することで表示させないこともできます)。

エ いいね!

友達などの投稿に付けることができる顔のマークで、他に「超いいね!」「うけるね」「すごいね」「悲しいね」「ひどいね」等があります。単に投稿を見たことを知らせるためにいいね!を付けるユーザーもいます。

オ コメント

Facebook では、友達などの投稿にコメントを書き込むことができます。投稿者はそのコメントに返信をすることもできます。元の投稿者はコメントを削除したり非表示にしたりすることもできます。

カ イベント機能

あるイベントの案内を自分の指定する人を対象に発信でき、受信者はそれに対して参加するか否かの回答をすることができる機能です。時間や場所を告知したり、参加対象者のみが閲覧できる投稿をしたりすることなどができます。同窓会や異業種交流会など、様々な用途で利用されているようです。

キ グループ

組織や趣味などで共通するメンバーのアカウントが加わり、情報を共有したり交流したりできる機能です。グループの管理者は、公開範囲や参加の条

件を設定することができます。

ク　メッセンジャー（messenger）

　Facebookのアカウント同士で、外部から見られないメッセージのやりとりができます。3つ以上のアカウントによるグループトークも可能です。後にグループに加えたアカウントは、それまでのメッセージ履歴も見ることができます。

ケ　Facebookページ

　企業、組織、著名人等が情報を発信するために作ることができる、個人単位を離れたページです。法律事務所や弁護士会がFacebookページを開設している例があります。

（3）　LINE

　LINEヤフー株式会社が提供するサービスです。広く開かれたSNSというよりは、閉じたメンバーでのメッセージのやりとり（トーク）を主とし、写真や動画の送受信のほか、電話やウェブ会議のような通話機能も有しています。複数人でのグループチャット、グループ通話も可能です。

　ブログ的に使われるタイムラインも存在しますが、トークやグループチャットのみを利用する人も多いようです。写真アルバムを共有することもできます。

　国内の月間ユーザー数は1億人以上とされており、普及率の高い媒体です。企業や店舗の広報や予約等のために公式アカウント（ビジネスアカウント）が作成・利用されることも多くなりました。弁護士業務においても、事務所のメンバーが業務用にLINE WORKSをグループウェアのように使用する事例や、LINEを通じた法律相談を受け付けている法律事務所が増えました。また、受任後もビジネスアカウントで依頼者とのやりとりができるようにしている法律事務所もあるようです。

（4）　Instagram

　Instagram（インスタグラム）は写真投稿を主とするSNSとして作られ、

動画の投稿や、メッセージのやりとりができます。旧 Twitter や Facebook よりも写真・動画に軸足を置いた SNS として 2010 年にサービスを開始し、比較的若年層に利用されてきました。2024 年現在は、Facebook と同じ Meta Platforms, Inc. が事業を運営しているため、Facebook との連携（アカウントの共通化や同時投稿など）が機能として備わっています。若者に対して訴求したい企業・サービスや芸能人などのアカウントが多く、弁護士や法律事務所のアカウントも存在します。また、Twitter 社（Twitter, Inc.）の買収騒動の前後に、旧 Twitter に似た挙動の SNS（アカウントは Instagram との共通利用が可能です）として「therads」（スレッズ）の運営を開始しましたが、あまり普及しているとはいえません。原則として 24 時間のみ画像が表示されるストーリーズという機能もあり、広く利用されています。

投稿には他のアカウントからコメントされることもあり、アカウント同士で直接メッセージのやりとりをすることもできます。若年層では Instagram のダイレクトメッセージを連絡の手段として使うことも多いようです。法律事務所のアカウントは多くありませんが、個人のアカウントを知名度向上のために活用している弁護士もみられます。

（5） TikTok

TikTok（ティックトック）は中国の Byte Dance 社が運営しており、2016 年にリリースされた動画に特化した SNS です。日本を含む中国国外では 2017 年頃から利用されています（2018 年の新語・流行語大賞にノミネートされました）。主に 10 代の若者を中心に利用されていますが、中国でリリースされたメディアであることから、安全保障の観点で使用を懸念する意見もあります。また、飲食店・小売店等のアルバイトによる不適切行為の動画が拡散されるきっかけになるなど、不適切な内容の動画投稿が少なくないともいわれています。

TikTok では 15 秒〜60 秒の動画を作成することができ、投稿内容の大半は短編動画となっており、対象としている年齢層が未成年を中心とすることから、弁護士や法律事務所の利用は多く見られません。もっとも、今後、利

用者の年齢が幅広くなり社会人の利用が増えたときには、弁護士業の広報に活用されたり、弁護士個人のアカウントがみられたりするようになるかもしれません。

（6）　各種掲示板サイト

　匿名掲示板は、インターネットの一般への普及初期（1990 年代）から存在しており、コミュニティや情報共有の場として利用されてきました。一方で、その匿名性による社会問題も生じてきました。その中でも、2 ちゃんねる（2014 年に管理者が交代ののち、2017 年に「5 ちゃんねる」に名称変更）は日本で最も有名な匿名掲示板の 1 つとして著名になりました。これに限らず、多くの類似した匿名掲示板サイトがあります。

　匿名掲示板の最大の特徴は、投稿者が自分の身元を明かさずに投稿できることです。一般的には SNS としては認知されておらず、アカウント間の継続的な関わりは強くありません。匿名性があるため、個人の意見や情報を自由に共有できる一方で、悪意のある投稿も多くみられます。

　匿名掲示板を利用する際には、いくつかの留意点があります。

　匿名掲示板は、情報の信頼性が低いことがあります。投稿者の身元が明らかでないため、根拠のない噂や誤った情報が広まる可能性があります。情報を受け取る際には、その信憑性を確認することが重要です。

　匿名掲示板では、X と同様に炎上が起こることがあります。匿名の投稿者によって、実名の弁護士やその活動が非難されることもあります。

　匿名掲示板では、投稿者のプライバシーが保護されると思われがちですが、完全に匿名性が保証されているわけではありません。投稿内容や IP アドレスなどの情報がログとして一定期間残されているものが多く、発信者情報開示請求の対象となり得ます。

（7）　レビュー・口コミサイト

　この種のウェブサイトは、消費者が商品やサービスについての評価やレビューを共有するためのプラットフォームとして、広く認知されています。特

に全国の飲食店情報が掲載されたグルメレビューサイトでは、食べログ（tabelog）や Retty などが有名です。

　Google マップの口コミの投稿も、レビューサイトの一例であるといえます。法律事務所も Google マップにスポットとして登録されていることが多く、星付きでレビューをされることもあります。

　ユーザーによるレビューのコメントはときに辛辣なものもあります。特に、弁護士の場合、敵対する相手方からレビューコメントを書き込まれることもありますので、その対処法を考える必要があります。また、法律事務所に対する口コミの書き込みは、相談者、依頼者のみならず相手方も参考にすることがありますので、慎重な対応が必要です。第三者からみて法律事務所側が真っ当な対応をしていると思われるようにコメントへの返信をすることも考えられますし、批判的なコメントは放置しておき、好印象のコメントで埋もれるのを待つ方法も考えられます。しかし、サクラを使って良い評価と投稿ばかり揃えたとしてもかえって信頼性を失いますし、根拠のない口コミの投稿を業者等に依頼することは業務広告の方法として不適当であるとされる可能性もあります（弁護士等の業務広告に関する規程第 3 条、業務広告に関する指針第 3 参照）。

　利用者として自身が口コミサイトの投稿を参考にするときは、1 つの評価やレビューに過度に依存せず、複数の意見を参考にすることが重要です。ユーザーにとって、すべてのレビューが信頼できるわけではありません。特に極端に高評価または低評価のものには注意が必要であるとされています。

（2）アカウントの作成
ア　実名で利用するに当たっての留意点

Q5 X を実名で利用するに当たってどのような点に気をつければよいですか。

Q6 アカウントの自己紹介欄に事務所名や電話番号を載せても問題ないですか。

Q7 自己紹介欄に「個人的な投稿であって所属する組織の見解等とは関係ありません」と書くことにはどのような意味がありますか。

A5　公開範囲の設定、弁護士であることを公にするか否か、公言せずとも弁護士として推察されるような投稿をするか否かで、気をつけるべきことが変わると考えられます。

A6　載せることは問題ありませんが、弁護士の業務広告に関する規程 2 条に該当するとして所属弁護士会の表示義務（同規程 9 条）が生じる可能性があります。

A7　記載することによって、所属する組織の広報ツール等でないことは明示できるでしょうが、仮に外観上職務と関係するような投稿で名誉毀損等がなされた場合、そのような明示があったとしても、所属組織にも責任が及び得るでしょうし、法的責任を問われなかったとしても組織のイメージ低下につながることはあるでしょう。

解説

（1）X は、公開範囲を限定（いわゆる「鍵をかける」）した場合を除き、誰もがポストを見ることができます。アカウントを持っていない人でも閲覧のみは可能です。

　実名でアカウント作成する場合であっても、自己紹介欄等でも弁護士であることを明記せず、ツイート自体も弁護士とは推察されないことばかりであれば職務との関係で問題となることはないでしょう。

　しかし、自己紹介欄で弁護士であることを明記したり、ポスト内容から弁護士であることが推察できたりする場合、自分の依頼者や相手方、関係者が閲覧している可能性があることには常に留意する必要があるでしょう。

　特に実名アカウントの場合は、特定（誰のアカウントかの把握）が極めて容易である点に注意が必要です。

　インターネットで自分の依頼している弁護士や相手方代理人の名前を検索する人も珍しくありません。そこで、当該弁護士のアカウントを発見した場合、たとえある程度抽象化したポストであっても、当事者が見れば「自分の事件のことを書かれている」とわかってしまうこともあるでしょう。

　もちろん、仮にそれがわかったとしても、投稿内容自体が名誉毀損等に当たらず、守秘義務にも反しない場合、法的な問題とはならないでしょう。

　しかし違法でなく弁護士職務基本規程にも反しないポストであっても、見られることによって依頼者との信頼関係が崩れたり、相手方との紛争が悪化したりする可能性は十分に考えられます。「X している暇があったら自分の事件を処理してほしい」と思う依頼者もいるかもしれません。実際にそのようなクレームが入った事例も存在するようです。弁護士にとっては数ある事件の 1 つにすぎない一方、事件の当事者にとっては人生のかかった大きな出来事であることも多いため、神経質になりがちなのはやむを得ないところです。匿名アカウントでも、特定のリスクがあることは Q9 で述べますが、実名アカウントの場合は、当事者により発見されやすいということは意識しておく必要があるでしょう。

　なお、実名で弁護士であることを明らかにしてアカウントを開設する場合、弁護士の業務広告に関する規程との関係でも問題となり得る場合があります。この点については、深澤諭史著『Q＆A 弁護士業務広告の落とし穴』第一法規（2018 年）を参照してください。

（2） X の自己紹介欄などに「個人的な投稿であって所属する組織の見解等とは関係ありません」などと記載してあるアカウントを目にすることがしばしばあります。これは、あくまでもプライベートなアカウントであって、組織とは無関係であることの注意書きであると考えられますが、法的にも、こ

のような記載のみによって組織との関係を完全に分断できるかというと、そのようなことはないでしょう。

　例えば、所属事務所の勤務弁護士が進行中の事件の相手方代理人に対して人格批判をするような投稿をした場合、共同受任をしていた所長弁護士が使用者責任を問われることはないでしょうか。

　この点、東京地判平成 24・1・31 判時 2154 号 80 頁〔28181380〕では、個人事業主である SE（原告）が契約している契約先の従業員が、ウェブサイト内のスレッドに原告のことであると特定できる態様で「女子トイレにおいて盗撮を行っている」旨の書き込みをして、原告の名誉を毀損した事案につき、前記従業員が投稿した書き込みのうち名誉毀損を構成する書き込みは休暇中に行われたものであり、かつ、会社が貸与した携帯ではなく個人所有の携帯から行われているから、会社は当該名誉毀損について使用者責任を負わないと判断しています。

　これを反対に解釈すれば、勤務弁護士が勤務時間中に、事務所の PC から前記の投稿をしたような場合には、所長弁護士が使用者責任を負う可能性も十分に考えられるでしょう。このような場合に、当該勤務弁護士のアカウントの自己紹介欄に「個人的な投稿であって所属する組織の見解等とは関係ありません」との記載があったとしても、所長弁護士が当該使用者責任を免れるという結論になると即断するのは少し難しいかもしれません。

　もちろん、そのような記載が全く無意味だということはないでしょうが、仮にそのような記載を自己紹介欄でしていたとしても、全く所属先との関係が切り離されるわけではないということには注意が必要でしょう。

Q8 弁護士が X でプレミアムサブスクリプションサービスを利用するときに気をつけることはありますか。

A8　投稿の編集、140 字を超える文章、長い動画などの投稿ができ、なりすまし防止の機能が提供されます。一方で、アカウントの収益化については留意する点があります。

解 説

　X は無料で登録し、利用することができますが、X プレミアムという有料のサブスクリプションサービスもあります（2023 年 10 月 27 日より提供開始）。これを利用することにより、コースによる違いがありますが、投稿後にポストを編集したり、140 字を超える文章や長い動画などを投稿したりすることができます。また、プレミアムサービスを利用しているアカウントが X の定める資格の認証を受けることにより、ブルーバッジといわれる青色のチェックマーク（認証済みバッジ）の付与を受けることができますし、組織の公式アカウントなどでは「認証済み組織」のアカウントとして、X に公式に認証された事業者であることを示す金色のチェックマークを受けることも可能となります。これにより、なりすましを防止することができます。

　X は 2023 年 7 月から、所定の条件を満たすアカウントに広告収入の一部を還元する収益化プログラムを開始しました。所定の条件を満たすアカウントに対して、X の広告収入の一部が分配されるシステムです。多くの人から閲覧されたりリポスト・返信をされたりするアカウントが収益を受け取れることになります。フォロワー数、一定期間内のインプレッション（反応）の数など、収益化アカウントとなるための要件がありますが、そもそも収益化しようとするアカウントについては X プレミアムの利用をしていることが前提となります。

　X での収益化が弁護士業とは異なる事業であると考えると、営利事業に従事することとも解釈されます。一方で、弁護士名義での書籍・論文等を執筆して執筆料を受け取ることは営利事業には当たらないとされていますので、広告表示によって収益を得ることも弁護士業の範疇であると考える余地もあります。アカウントの表示やポストの内容によっては、営利事業に従事するものとしてあらかじめ所属弁護士会へ届出（弁護士法 30 条）が必要となります。

　加えて、収益化アカウントとなれば、インプレッションの数によって広告収入額が変動します。有益な投稿が広く目にとまるようになればよいのです

が、広告収入を得たいがために過激な投稿をして不要なトラブルを招かないよう、自制が必要です。

イ 匿名での利用の場合

Q9 匿名の場合は、実名と異なる点はありますか。

A9 どの弁護士の投稿内容か直ちに明らかにはなりませんが、特定のリスクは常にありますので匿名性を維持するには注意が必要です。

解説

匿名アカウントの中にも、登録地は明らかにしているアカウント、弁護士であることは明らかにしているものの登録地等は一切明らかにしていないアカウントなど、その利用者ごとに匿名性には程度差があります。いずれにしても、匿名アカウントであるからといって、事件内容などを好き勝手にポストしてよいということにはなりません。

匿名アカウントには、常に特定（アカウント主が誰であるか明らかにされること）されるリスクがつきまといます。弁護士の仕事には、思わぬところで地域差や業務内容による差があるため（例：刑事事件で接見するのに予約できる地域とそうでない地域がある、弁護士会館を弁護士が利用するのに有料の単位会とそうでない単位会がある、など）、そういった思わぬところで働いている地域が特定されることもあります。

また、極めて特殊な事件について匿名アカウントで投稿したり、リアルタイムでポストしていたりすると、事件の当事者が見たときに「これは自分の事件のことだ」とわかってしまうこともあるでしょう。

したがって、匿名アカウントであっても、投稿する内容に配慮が必要であることに変わりはありません。この点、投稿する時期をあえてずらしたり、フィクションのポストを織り交ぜたりするなどして、特定されないよう工夫することも考えられます。

なお、特定されなければ何を投稿してもよい、ということにはなりませ

ん。いわゆる炎上のリスクはあるし、投稿内容自体が名誉毀損等に当たる場合もあります。その際には発信者情報開示の仮処分申請、プロバイダへの情報開示請求等の手続から特定され、損害賠償請求等をされるリスクはありますので、ポスト内容には注意すべきでしょう。

Q10 匿名で SNS を使っていれば特定されることはないでしょうか。どんなことがきっかけでアカウント利用者の実名が特定されますか。

A10　匿名で SNS を使っていても、断片的なプロフィール情報や、投稿内容、コメントなどから絞り込みをすることにより特定に至ることがあります。どんなに匿名で利用しているつもりでも、何らかのきっかけで身バレしてしまう可能性があることを念頭に置きながら利用すべきです。

解 説

（1）「匿名」とは、自分の名前や所属を隠して公開しない状態をいいますが、インターネット上では、不特定多数に対しては匿名にしつつ、一部の交遊関係の範囲内では本人の特定がされている状態で利用されることが多くみられます。情報を盛んに交換し、自分が望む範囲で交友関係を拡げていくためには、この中間的な匿名を活用するのが有用です。

（2）これまでに解説してきたとおり、実名の弁護士としての発言をすることには、様々な気兼ねやリスクが伴います。これを避けるために、弁護士であると明示しなかったり、匿名のアカウント名（ハンドルネームといわれることがありましたが、いわゆるペンネーム（筆名）のようなものです）で利用したりすることが考えられます。

　しかしながら、これで安心できるわけではありません。SNS は双方向の情報の発信・受信を伴うものです。何かを発信することや、X のフォロー関係やリポストの傾向、Facebook では友達のつながりや関心のある事項の表示などによって、匿名のアカウントの持ち主が「特定」されることがあり

ます。積極的に「特定」されることもあれば、後に述べるように投稿や設定の間違いによって、うっかり「特定」されてしまうこともあります（インターネット上に限られた用語ではありませんが、これを、「身元がバレる」を略して「身バレ」と呼ばれることがあります）。

　一般的に、炎上した匿名アカウントについて、多数の第三者が過去の投稿内容などをもとに「特定」をすることがよくあり（この特定を趣味にしているように見受けられるインターネット利用者もおり、組織化されているわけではありませんが「特定班」などと称されています）、読者の皆さんもその様子を目にされたこともあるのではないでしょうか。匿名アカウントが炎上するだけであれば、騒ぎはそのアカウントと周辺にしか及びませんが、特定をされた後は実生活に影響を及ぼしかねません。このような特定を趣味にする利用者が一定数おり、特定したアカウントの住所や学校・勤務先を書き込み（時折、特定間違いで誤った情報が書き込まれることもあります）、電話をかけたり、自宅を訪問したりして反応を楽しむ悪質な行為もみられます。

　弁護士は、相手方当事者や良い結果の出なかった過去の依頼者などから恨まれることがあり、ストーカー被害に似た攻撃を受けやすい立場です。資格者であるために、「自由に叩いてもよい存在」と勘違いされることもあります。登録事項が公開されており、所属事務所の HP や司法試験合格の際の合格者名簿などに氏名が掲載されるなど、特定のために便利な情報が多く存在しています。

　つまり、匿名で利用していたとしても、いつでも特定されるおそれがあると考えて利用した方が無難である、ということができます。

（3） それぞれの SNS ごとに、特定や身バレを予防することの難しさや、予防策がいくつか考えられます。

　Facebook は 1 アカウントのみの実名利用が利用規約に定められておりますので、匿名・通称でのアカウントを作ったり、複数のアカウントを使ったりすることはできないのが原則です。世の中に同姓同名の少ない場合は、特に、アカウントが特定されるのを避けることは困難になります。よくある名前であっても、プロフィール写真や、友達のアカウントの属性から、○○地

域の弁護士の○○であると特定されることがあります。ただし、特定されても、投稿の公開範囲を友達限定にしておくことで、特定されることによる影響は小さくなります。プロフィールの公開範囲も、項目別に設定できるようになっています。注意点としては、全体公開になっているスポット・団体や友達の投稿に対するコメントは全体公開となりますので、そのコメントは誰からでも見られる可能性があります。

　X や Instagram は匿名利用のしやすいツールです。複数アカウントを持つこともできるので、肩書き付き実名あるいは事務所公式のアカウントを用意しておき、公式の極めて堅い投稿のみそのアカウントに担当させておく手法も考えられます。何者かが弁護士のアカウントを特定しようとしたときに、探しやすい公式アカウントを見つけてくれれば、それ以上に匿名アカウントを探さないことも考えられます。つまり、公式アカウントを囮（おとり）にするわけです。もっとも、次に述べるように、匿名のアカウントであっても投稿内容などによって特定されることがありますので注意が必要です。

（4）どのような情報によって特定や身バレがされるのでしょうか。投稿内容や友達関係によって、住んでいる地域、修習期、関心のある分野や取扱業務の種類、事務所の規模、性別、出身地、行事への参加の有無などが絞り込めますし、写真付き投稿によって地域が予測しやすくなります。大会やセミナーなどの演壇・吊り看板などを撮影した写真の角度・距離などから、どのあたりに着席しているかが特定されて、以前からフォローしていたという同業者に話しかけられたということもあります。天気や交通情報、地震などの災害、所属する弁護士会や地域の裁判所に特有の事情などをつぶやくことによって特定の材料を与えることになります。

（5）なお、完全に匿名の状態で利用していた SNS アカウントが特定されてしまった場合に、過去の投稿を見られたくないときには、早急に消去したり、閲覧できる範囲を限定する設定変更をしたりする必要があります。一括して投稿を消去することができるアプリケーションもありますが、意図しない誤作動やアカウントとパスワードを盗むための悪質なアプリケーションでないことを確認して使用する必要があります（アプリケーションの作成者や

設計仕様などがわからない場合は、アプリケーション名で検索をするなどして、利用者の評価を見て、そのような指摘がないかどうかを確認するとよいでしょう）。

ウ　アイコンや背景画像について

Q11 SNS のアイコンや背景画像に、お気に入りの芸能人の写真や、アニメ・マンガの画像を使ってもよいですか。

A11　芸能人の写真については肖像権及び著作権の侵害、アニメ・マンガの画像については著作権の侵害に当たるおそれがあります。

解説

　グラビアなどで発表されている芸能人の写真は、撮影者や所属事務所などが権利を有する著作物に当たります。また、被写体となっている芸能人は、肖像権も有しています。アニメやマンガの画像も、制作者の著作物です。したがって、これらを自分の SNS アイコンとして表示させることは、著作権・肖像権侵害となります。著作権・肖像権侵害の詳細については、本書第2 を参照してください。

　こうした芸能人の写真やアニメのアイコンは、X をはじめとする SNS では日常的にみられるため、権利侵害行為という意識が低いかもしれません。しかし、法的責任を問われる可能性がある行為ですし、著作権侵害については刑事罰の定めもあるため、注意が必要です（なお、平成 30 年 12 月 30 日施行の著作権法改正により、利益目的で著作物（原作）を公衆譲渡等する行為は非親告罪化されましたが、SNS におけるアイコン利用の範囲では現在も親告罪です）。

エ 関係規定等

Q12 日弁連は、会員の SNS 利用に当たって何か対策を求めていますか。その他、留意すべき規定等はありますか。

A12 日弁連では「弁護士セキュリティガイドライン」が制定されていましたが、令和4年に「弁護士情報セキュリティ規程」が制定され、令和6年6月から施行されました。その中では、各弁護士が「情報セキュリティを確保するための基本的な取扱方法」を定めるものとされ、その中にSNSをはじめとするインターネットサービスの利用にあたり留意すべき事項を定めることが推奨されています。その他、弁護士法23条や弁護士職務基本規程18条、弁護士等の業務広告に関する規程などに留意すべきでしょう。

解説

(1) 日弁連の「弁護士情報セキュリティガイドライン」及び「弁護士情報セキュリティ規程」制定の経緯

　IT機器やウェブサービスは急速に進歩しており、弁護士業務にも弁護士の日常生活にも一般的で密接なものになっています。一方で、電子情報となった事件情報等は、ひとたび漏えいすれば回収が難しく、広がりやすいものです。このような中、日弁連は、平成25年12月19日、「弁護士情報セキュリティガイドライン」を制定しました。これは、弁護士によるメーリングリストサービス（Yahoo！掲示板＝既にサービス終了）における事件情報等の漏えい事故が発生したことを受けて、弁護士業務の中で情報漏えいリスクが高い場面での留意事項をまとめて、会員に対して周知されたものでした。

　この弁護士情報セキュリティガイドラインは、もともと弁護士及び弁護士法人に適用される秘密保持の権利と義務の規定（弁護士法23条）及び事件記録中の秘密及びプライバシーの漏えい防止の注意義務の規定（弁護士職務基本規程18条）に関して、解釈指針を示すものとして位置付けられていま

した。

　その後、法制審議会等において裁判手続等の IT 化の検討が進み、民事裁判においてはいずれ訴状等を紙ではなくオンラインで提出するようになる見込みとなりました。また、刑事手続、民事執行、民事保全、倒産、家事事件等についても手続のデジタル化の検討が進められています。これに伴い、裁判所の手続に関わるすべての弁護士は、多くの裁判資料を電子データとして保有し、授受することになります。

　このような裁判実務の流れの中で、弁護士のセキュリティ対策が重大な関心事項となって正面から議論されるようになり、日弁連としての対応が求められていました。弁護士情報セキュリティガイドラインは、実践的な対策例を示すものでしたが、弁護士が行うべき最低限の対策を規定したり、具体的な対策を講じる義務を課すものでもありませんでした。そこで、日弁連は、令和 4 年 6 月、新たに「弁護士情報セキュリティ規程」を定めて、令和 6 年 6 月 1 日から施行されました。

　各弁護士、各法律事務所には個別の環境があり、求められる水準も多様ですので、具体的な対策を求める規程を一方的に定めれば、情報セキュリティ対策としてかえって実効性を失うおそれがあるうえ、各弁護士に対する過剰な介入になり独立性を損なうことになりかねません。また、技術の進歩は著しく、弁護士業務の環境も変化しますので、これらに柔軟に対応できなければなりません。そこで、弁護士情報セキュリティ規程は、セキュリティ対策の具体的な措置を盛り込まず、環境の変化に対応できるセキュリティ対策の大きな枠組みを提示するにとどめ、各弁護士に「取扱情報の情報セキュリティを確保するための基本的な取扱方法」(「キホトリ」と称されています)を策定すべき義務を定めています。日弁連の会員サイトには、キホトリの具体例、Q & A、説明の小冊子などが掲載されていますので、参照してください。

（2）弁護士情報セキュリティ規程をふまえたインターネットウェブサービス・SNS 利用の留意点

　弁護士情報セキュリティ規程は、第4条以下の要素に配慮したキホトリを定めるよう求めています。安全管理措置の具体的内容（第4条）、情報のライフサイクル管理の方法（第5条）、点検及び改善の方法（第6条）、漏えい等事故が発生した場合の対応の方法（第7条）です。ウェブサービスやSNS を利用するに当たっては、この中では安全管理措置、点検及び改善の方法、漏えい等事故が発生した場合の対応の方法を特に留意しておく必要があります。

　安全管理措置としては、ウェブサービスや SNS にログインするためのパスワードの管理（共通のパスワードを流用せず、パスワードマネージャーや二要素認証等を利用してセキュリティを高める等）が第一に重要となります。加えて、ウェブサービスや SNS に不要な情報をアップロードしないようにすることも、漏えい等事故を防ぐために重要であるといえます。

　かつての「弁護士情報セキュリティガイドライン」には、SNS やウェブサービスそれぞれ特有のリスクに着眼して、以下のとおり、情報漏えい防止のために留意すべきであると定められていました。

　「弁護士は、依頼者の承諾なく、ソーシャル・ネットワーキング・サービスにおいて事件情報等及びこれを推知させる情報を取り扱わないこと」（「弁護士情報セキュリティガイドライン」第7の第4項）

　ここでいう「事件情報」とは、「法律相談を受け、又は受任した事件に関し、依頼者等（依頼者その他の事件の関係者をいう。以下同じ）から受領し、又は自ら取得した情報」と定義されています（同ガイドライン第2の第1項）。依頼者等から受領した情報という部分は限定的な表現ですが、「これを推知させる情報」というのは漠然とした表現です。例えば、SNS で、頻繁に特定の警察署に接見に赴いていることを発信することは、当該警察署に勾留されている被疑者・被告人の弁護人に選任されているか、当該警察署所管の告訴事件等を扱っているのではないかと想像させ得るものです。このような投稿が具体的な受任事件を推知させるまでに至らないように配慮しなけ

ればならないといえます。特に、著名な事件の受任をしていることを推知さ
せるような SNS への投稿は、既に当該弁護士が受任していることが報道等
によって公知となっている場合や、依頼者が承諾している場合でなければ、
SNS での発信自体が秘密又はプライバシーの漏えい防止が欠けていると指
摘される可能性もあります。

　弁護士情報セキュリティガイドラインの前記の表現では、SNS で一切の
事件情報等を扱うことができないようにも思えます。しかし、セキュリティ
が確保され、情報の共有者が限定され、第三者に対する意図しない漏えいを
防ぐことができるのであれば、SNS において依頼者や共同受任者と事件情
報等をやりとりすることも可能でしょう。例えば、LINE も SNS の一種と
されていますが、依頼者との間だけで閉じた LINE トークで事件について簡
単な打合せをすることは、電話や電子メールでの打合せと同じように、通常
想定される SNS の使い方であるといえます。

　日弁連の公表しているキホトリのサンプルでは、ウェブサービスや SNS
の利用について記載することも想定されています。その定め方としては、利
用可能なサービス等を列挙するポジティブリスト方式、利用してはならない
サービス等を列挙するネガティブリスト方式があり得るとされています。ま
た、一定のセキュリティ水準を満たしたサービス等のみを利用可能とするこ
とも考えられます。加えて、利用するに当たってパスワード管理や投稿・ア
ップロード内容に関する規定を設けたり、ウェブサービスや SNS などから
の漏えい等事故が発生した場合の対応について定めたりすることも想定され
ています。また、キホトリには、法律事務所の事務職員に対してどのような
ウェブサービスを使わせるのか、使わせないのか、などについても定めるこ
とが推奨されています。

2 │ SNS とブログ・HP の違い

Q13 ブログや HP は以前から利用している事務所もあると思いますが、SNS とどう違うのですか。

A13 まずは投稿の拡散力に差があるでしょう。また、他者とのやりとりの活発さ、様々な情報をスピーディーに入手できることなどに差があります。

解説

ブログや HP との最も大きな違いは、スピード感や拡散力にあると考えられます。ブログにもコメント欄があり、そこでやりとりをすることも可能ですが、X のリプライや Facebook のコメントの方が即時性・双方向性があり、活発な議論に発展することもあります。

また、X や Facebook では、その日に出た重要な判決などの情報を即時に誰かが投稿し、それが拡散されていくなど、スピーディーな情報発信が頻繁に行われています。自ら積極的に投稿しなくても、アカウントを作成してフォローしたり友達になっておいたりするだけで、新しい情報を随時取得できるという点もメリットだと考えられます。つまり、ブログや HP と違い、何も発信せず、受け身のままであっても利用価値があるのです。

他方で、不適切な投稿をしてしまったら即座に拡散してしまうという危険もあります。その後投稿自体を削除したとしても、誰かがその投稿自体を画像として保存してさらに拡散することもあり、炎上の鎮静化が困難な状態に発展することもあるので注意が必要でしょう。

3 ｜ SNS のメリット・活用法

Q14 弁護士として、SNS を利用するメリットはありますか。

Q15 どのようなものかわからないので怖くて始められないのですが、どうすればよいですか。

A14　判決情報などの速報性や他の単位会の弁護士の情報などがわかるので、特に自分から発信しなくてもメリットはあるでしょう。

A15　まずは何も投稿せず、「見るだけ専門」で様子を見ておけば特にリスクはないでしょう。

解説

　弁護士はもちろん、その他法曹関係者でも SNS を利用している人は多く、日々様々なやりとりがなされています。重要な判決が出るとそのニュースや判決全文のリンクが即座に投稿されるなど、情報の即時性が SNS を利用する大きなメリットであることは前述したとおりです。

　また、Facebook には弁護士同士の様々なグループがあり、そこで日々相談や情報交換がなされています。このような場で実際に相談して全国の弁護士の回答を気軽に得ることができるという点もメリットでしょう。もちろん同業者に限らず、新しく出会った人とすぐに Facebook で友達になれば、いわば名刺がわりになることもあります。

　普段はなかなか交流のできない他の単位会の弁護士と SNS 上でやりとりができ、自分の知らなかった他の単位会の情報が入ったり、SNS 上で知り合った弁護士などと実際に会って交流する「オフ会」というようなものに参加するなどして、弁護士やその他様々な知り合いを増やすこともできます。

　中には実名のアカウントで SNS を通じて依頼につながるという弁護士もいるようですが、有料での広告ほどの集客効果があるとはいえないでしょ

う。

　「よくわからないけどなんとなく始めるのが不安」という人も多いと思います。確かに、SNSでは、初期の設定を誤ると、携帯電話の連絡先に登録されている人と自動的にSNS上でも繋がってしまうことがあるので、それが嫌な場合は気をつける必要があります。簡単なパスワードを使用していたり、様々なもので共通のパスワードを使用していることで、いわゆるアカウントの乗っ取りをされるケースも、複数のSNSにおいて頻出しております。もっとも、そのような初期設定やセキュリティ管理さえ気をつければ、アカウントを作ってみること自体にそれほど大きなリスクがあるわけではありません。

　「情報の取得」のみであれば、最初はアカウントを作るだけで投稿せず、Xなどでは弁護士アカウントなどを一通りフォローしておくだけで様々な情報が入ってきます。Facebookも、アカウントを作ってグループに参加するだけで同様に情報は取得できます。一定期間「見るだけ専門」でどのようなものか把握してみれば、自分なりの活用方法が見つかってくるし、自らも発信したくなるかもしれません。

　「まずはアカウントを作ってみる」という一歩を踏み出してみることが大事だと思います。

Q16 自分の実績をアピールするために過去の解決事例を載せたいのですが、注意する点はありますか。

A16　依頼者の誘引目的であると読める場合、弁護士の業務広告に関する規程の対象となる広告に当たる可能性があります。その場合、広告規程に定められた広告の記載要件を遵守しているかどうかを確認しましょう。また、消費者契約法や不正競争防止法などに抵触することもないように注意が必要です。

解説

　SNS の投稿は不特定多数が目にする可能性があります。そして、SNS の投稿を見て弁護士に依頼をしようと考えて相談があることもあります。弁護士の業務広告に対しては、弁護士の業務広告に関する規程が定められており、さらにその解釈指針も示されています。広告目的

弁護士 甲野太郎 @konotaro_Lawyer
40 代の学校の先生が左手 3 指欠損の事故に遭ったんだけど、相手損保が逸失利益なしの主張してきたことがあるんだよね。確かに定年までの給料に影響はないかもしれないけど、キッチリ等級どおりの喪失率での逸失利益、判決でもらいました。
2024/4/15 15：34

で作成した SNS アカウントであればもちろんですが、その目的がない場合であっても、実名で弁護士であることを名乗っている場合は、顧客勧誘の手段となり得ますので、所属弁護士会の表示を行うべきであるとされています（深澤諭史著『Ｑ＆Ａ弁護士業務広告の落とし穴』第一法規（2018 年）22 頁）。業務広告目的で SNS を利用しようとするときには、弁護士の業務広告に関する規程を意識して投稿内容を考えることが多いと思いますが、そのつもりがなくとも、業務広告とみられる可能性があります。法律事務所名義でアカウントを作成しているときや、特定が可能な情報を表示して、業務に関連した投稿をそれなりの割合で行うときには、広告の性質が強いとみられる可能性がありますので、弁護士の業務広告に関する規程に定められている記載要件を遵守している方が無難でしょう。十分に弁護士の業務広告に関する規程とその解釈指針に目を通しておくことが肝要です。

　個別の投稿それぞれに弁護士の業務広告に関する規程で求められる必要的表示事項の記載をするのは困難ですから、SNS のプロフィール欄に 1 箇所記載しておくことで、これを満たしていると考えてよいのではないでしょうか（前掲深澤 22 頁、25 頁）。

　特に違反の生じやすい必要的表示事項は、所属弁護士会（単位会）の記載漏れです。また、不適切な実績、結果を請け合う表示、過度な期待を抱かせる記載に当たらないようにすることも必要です。「○○専門」という表示は、

直ちに弁護士の業務広告に関する規程に違反するものではありませんが、日弁連の業務広告に関する指針（以下「指針」という）では、誤導のおそれがあり、表示を控えるのが望ましいとされています（指針第3-12（1））。

Q17 取扱い経験のない事件類型を SNS 上に「取扱分野」として表記してもよいでしょうか。あるいは「得意分野」「○○に強い」と書くことはどうでしょうか。

A17 　弁護士の業務広告に関する規程に合致しているかどうか、検討する必要があります。一般的には、「取扱分野」の表現は虚偽でなければ問題がなく、「得意分野」「○○に強い」という表現は他よりも優秀であるという印象を与えるため、誤導ないし誤認を誘う誇大広告となる可能性があります。

解説

　広告を目的とした SNS のアカウントであっても、そうでなくとも、弁護士が存在感や説得力をアピールする方法として、「得意分野」や「強み」を記載することがあります。顧客の誘引を目的とするものであるとみられる可能性があれば、弁護士の業務広告に関する規程とその業務広告に関する指針に合致した表現にしておく必要があります。指針には、客観性が担保されないまま「専門家」「専門分野」等の表示をすることは誤導のおそれがあり、控えるのが望ましい、とされています（指針第3-12（1））。そのため、「専門」という表現ではなく、「重点取扱」「得意分野」「強い」といった表示がなされていることが多くあります。特に「専門」「○○に強い」という表現の問題点と理解については、前掲深澤59頁以下及び90頁以下を参照してください。特に、SNS では、他にも本当に「専門」を名乗るにふさわしい実力のある弁護士が存在することがあります。生半可に誤った記載をすると、コメントや引用リポスト等で火だるまになり、あっさりと化けの皮がはがれることもありますから、記載をするのであれば慎重に、そして、記載したか

らには真にその能力があるといえるように研鑽をしておかなければなりません。

　なお、過去の事例を用いた広告については、指針に定められています。消費者契約法や不正競争防止法、景品表示法などにも注意が必要です。弁護士報酬に関する広告ではありますが、全国展開する大規模な弁護士法人が消費者庁から勧告を受け、弁護士会からも業務停止処分を受けたことがあります。同様に考えると、弁護士としては普通の結果について、その弁護士や法律事務所に特別な能力があって得られた成果のように書くことは、過度な期待を抱かせる広告や優良誤認広告に当たると解釈される可能性があるでしょう。

　守秘義務にも十分に配慮する必要があります。匿名化するとはいえ、取扱事例の紹介を超えて解決事例として記載するのであれば、過去の依頼者の同意も必要となる場合もあります。結局のところ、匿名化抽象化をしなければ特定につながるために守秘義務の問題が生じ、匿名化抽象化をしすぎると虚偽広告や誇大広告ではないかと指摘される可能性が生じます。なお、獲得した判決についてその裁判例を紹介するという手法であれば、守秘義務に関する問題点のクリアは容易ですが、同様の結果を他の事例でも保証するものではないことについては、十分に示しておく必要があるでしょう。

Q18 SNS で知らない人から相談をされたときや、事件の依頼をされたとき、どのような対応をすればよいでしょうか。

A18　弁護士が SNS で相談を受けて回答する場合は、一般論か、抽象的な内容で回答せざるを得なくなります。質問に対して回答をするときは、その回答が独り歩きする可能性に配慮しなければなりません。具体的な事案に確定的な回答をすることは避けて、弁護士や法律相談センターの相談を受けるように促した方が無難でしょう。自分の事務所への相談を促すときには、弁護士業務広告に当たる可能性に配慮が必要です。また、依頼の諾否について速やかな通知をしなければならな

いことにも留意が必要です（弁護士職務基本規程 34 条）。

解説

SNS には様々な利用者があり、具体的な紛争を抱えている方から質問や意見が投げかけられてくる場合もあります。また、自らの依頼を受けてくれるかどうか、という問い合わせを受けることもあります。そのような場合の対応には、気をつけておくべきことがあります。

 鈴木一郎 @suzuki_ichiro515151
@konotaro_Lawyer 名古屋の弁護士さんとお見受けしました。離婚調停をしているのですが、妻が子どもに会わせてくれません。どうすればよいかご相談に乗ってもらえますか。
2024/4/11 08：12

まず、具体的な事案を聞いて詳細な回答をするのであれば、本来は、正式な法律相談を受けていただくようにした方がよいでしょう。誰が見ているかわからない（相手方や関係者が見ているかもしれない）公開の SNS でプライバシーに関わる相談のやりとりをするのは、お互いにとって適切とはいえません。また、相談に対応をしすぎることで、その様子を見た多数の第三者から無料で相談ができるアカウントであると認識されることにもなり、安易な無料相談の要望を誘引することにもなります。それを甘受するつもりであれば、広く軽い相談に応じていく SNS の利用方法もあり得るでしょう。

SNS での具体的な回答を控えて正式な法律相談を受けてもらうためには、弁護士に相談した方がよいとか、相談先の弁護士がいないときには弁護士会の運営する法律相談センターを利用した方がよいなど、適切な窓口に誘導するようにします。もちろん、相談内容からみて弁護士以外に相談した方がよい問題であれば、他の適切な窓口を紹介することが適当です。なお、前記のように SNS での相談を積極的に引き受けていく場合や、相談先として自らの法律事務所を紹介するのであれば、弁護士の業務広告に関する規程に沿った記載を SNS のアカウントに備えるように注意してください（Q16 参照）。

また、仮に質問に対して回答をするのであれば、具体的な事案を離れて回

答が独り歩きする可能性も考えておく必要があります。弁護士ドットコムのような法律相談サイトに書かれる Q & A も同様ですが、法律相談では個別の事案によって回答が異なる場合が多くあります。類似の事例であると考えた第三者がそのやりとりを見て、同様にすればよいと誤解することがあり得ます。他人の相談事例を信じて自ら的外れな対応をしたために損害を受けたときには、トラブルになる可能性があります。もっとも、その損害賠償請求がなされるとしても、相当程度の過失相殺がされると思われます。

　極端な場合では、相手方当事者が、反対当事者の依頼している弁護士の考えや方針を探ろうとして、匿名で SNS 上のあなたに接触を図るようなことも考えられます。このような相談に乗ってしまうと、意図せずに双方代理の状態になることも問題ですが、依頼者と相談している内容や方針を相手方当事者に推測されてしまうことになります。いずれにしても、SNS 上で具体的な相談を実施することには慎重である方がよいと考えられます。

　相談の依頼を無視することも考えられますが、X の相互フォローアカウント、Facebook の友達などからの相談や、あるいはダイレクトメッセージによる依頼の打診など、直接の連絡が容易に可能な状態であれば、電話や電子メールでの依頼の打診と同様となります。そうすると、弁護士職務基本規程 34 条に沿って、依頼の諾否を速やかに通知しなければなりません。もっとも、全く知らない第三者からの抽象的な質問であれば、回答をしなくとも弁護士倫理上許されると解釈されるでしょう（前掲深澤 26 頁参照）。あらかじめ「このアカウントでは法律相談をお受けしておりません」といった表示をプロフィールに記載しておいたり、質問のメッセージに対してはすべて紋切り型の回答として送ることにしたりするという対策も考えられます。

Q19 特定の分野について自説や学説についての見解を述べるときには、どのような注意が必要でしょうか。議論をふっかけられたときや、SNS への投稿内容をきっかけに依頼をされそうになったときには、どうすればよいでしょうか。

A19　誰が見ているかわからないことを踏まえつつ、一般論にすぎないことがわかるように述べる方がよいでしょう。また、あなたの見解では不利になる立場の紛争当事者から反感や非難・反論を受けることも想定しておく必要があります。感情的な議論にならないように注意しておきましょう。また、事件の依頼をされたときには、対応を考えておく必要があります。

解 説

特定の事件や分野（特にその弁護士が重点的に取り組んでいる分野）については、一家言のある弁護士が多いのではないでしょうか。その分野について専門性が高ければ高いほど、SNSで議論になっているときに黙っ

弁護士 甲野太郎 @konotaro_Lawyer
男親だからというだけで親権が門前払いなの、全く納得いかないよね。男にだってそれなりに育児ができるだろ。仮に乳児でも。
2024/8/2 10：01

ていられないことがあります。しかし、特定の見解や学説を支持し、反対する見解や学説を非難する投稿をしていると、その見解や学説によれば不利な立場に置かれる第三者の紛争当事者に反感を持たれ、反論や非難が飛んでくることがあります（家事事件に関する話題、特に親権者の指定のあり方などのテーマでは、精神的対立が激しいためこのような反応がある可能性が高くなります）。さらには、反対の説を採る必要のある依頼を受けることが難しくなったり、その場合に相手方から証拠として過去のSNSでの投稿内容を提出されたりすることが考えられます。もっとも、弁護士は事件を受任したからには自説にとらわれず依頼者の利益のために最善の努力をすべきですから、過去のSNSでの投稿や、支持している見解や学説にかかわらず、依頼者の主張に沿い、又は依頼者の利益を最大化する見解や学説を採ることになります。例えば、死刑制度は合憲であり維持されるべきであるという見解を持つ弁護士であっても、仮に死刑を求刑される事件の弁護人となったときには、私的な見解を措いて、依頼者である被告人が望むと望まざるとにかかわ

らず、死刑を回避すべく採り得る主張をする義務を負います。逆にいえば、相手方代理人の主張する見解や学説が、過去の相手方代理人の SNS での主張と齟齬があったとしても、それは相手方当事者の利益のためには当然に生じ得る事態です。相手方代理人の SNS での投稿を証拠として提出しても、訴訟上の意味はありません。その投稿に書かれている理屈が自説の補強に参考となることはあり得るとしても、それは相手方代理人の投稿であるか否かに関係なく、単に専門性のある弁護士の投稿が参考になったということにすぎません。単に、リサーチや準備書面を書く際の参考にさせてもらえばよいでしょう。

　また、事例を紹介せずとも、特定の分野についての言及をしつつ、その類型の事件関係者からの受任を受け入れる呼びかけや、受け入れるつもりがある旨の記載をすると、弁護士業務広告であるように読まれ得ることになります。このようなときには、弁護士の業務広告に関する規程の適用を受ける可能性があるので、規程により義務付けられている記載を欠かないようにするなど注意しておかなければなりません（Q16 参照）。過去に取り扱った事例を紹介するときには、守秘義務に反しないこと、依頼者のみならず関係者の利益を損なわないこと、虚偽広告にならないこと、結果を保証したり過度な期待を持たせたりしないことなど、注意点が多くあります。注意点については、前掲深澤 65 頁以下及び 84 頁以下を参照してください。なお、特定の事件について面識のない者に対して直接到達する方法により受任勧誘を行うことは原則として禁止されており、公益上の必要があるものとして所属弁護士会の許可を受けることが必要とされています（弁護士等の業務広告に関する規程 6 条）。この点にも留意して、例えば特定の事件による多数の被害者が SNS の利用をしている場合には、その事件について言及するコメントやリプライ（一般の投稿とは異なり名宛人が特定されていることになります）によって、具体的な事案について面識のない当事者に対する直接の受任勧誘をしてしまわないようにしなければなりません。

COLUMN.1

Facebook の弁護士向けグループ例

　Facebook には様々な同業のグループが存在すると本文において述べましたが、ここではその中のいくつかを具体例として紹介したいと思います。

①弁護士独立研究会

　顧客獲得や事務所経営、報酬の決め方やお勧めの複合機など、弁護士として仕事をするうえでの様々な相談がなされているグループです。グループメンバーによる紹介を受けた弁護士か、Facebookのプロフィール上弁護士だと確認できる人のみ承認されるシステムとなっています。

②刑事訴訟愛好会

　刑事訴訟・刑法・刑事政策等に興味のある学者・実務家等のグループです。刑事事件に関する様々な相談、意見交換がなされています。こちらも承認制となっています。

③家事事件愛好会

　法曹三者、法律関係の研究者限定の家事事件に関する議論のためのグループです。

④法曹同士が法律の解釈論等を気軽に相談できる場所

　文字どおり、様々な法律の解釈論についての議論が交わされるグループです。

COLUMN.2

オフ会とは

オフ会とは、オフラインでの会合を指し、SNS 上などでやりとりをしている人たちと実際に会って飲み会などを開くことを意味することが多いと思います。これは、法律関係者に限らず、しばしば開かれているものです。「SNS 経由で実際に人と会うなんて危ない」という意見はよく耳にしますし、実際に危険なケースがあるのも事実です。特に 1 対 1 で会う場合などには注意が必要でしょう。ただ、「法曹関係者」「弁護士」というスクリーニングが一応はかかっているので、全く情報が何もない場合よりはリスクは低いと思われます。実際、人権大会や各弁連の大会の公式懇親会とは別に、いろいろな地方から現地に来た弁護士が集まってオフ会を開くということはしばしば行われています。そこで知り合いになった弁護士と、その弁護士のいる地域に出張に行く際に会ったり、その地域の事件が来たら紹介するなど、実際上のメリットも少なくありません。

普段自分の所属単位会以外の弁護士と知り合いになる機会はなかなかありませんから、ある程度 SNS の利用に慣れてきたころに参加してみるのも面白いかもしれません。完全匿名でアカウントを運用している方はなかなか参加が難しいかもしれませんが。

<table>
<tr><td>4</td><td>友達申請やフォロー相手の選択</td></tr>
</table>

（1） 申請する・される場合に注意すること

Q20 依頼者や元依頼者、相手方などから Facebook の友達申請や X のフォロー申請をされた場合、どうしたらよいでしょうか。

Q21 自分の事務所の勤務弁護士や後輩の異性弁護士に友達申請やフォロー申請をしてもパワハラ・セクハラにならないでしょうか。

A20　一律に断るという方法もありますが、信頼関係構築の方法は人それぞれです。もっとも、事件進行中に友達になるのであれば、投稿やその公開範囲に配慮が必要でしょう。

A21　当然、それのみで直ちにパワハラ・セクハラになることはありませんが、SNS は「愚痴を言える場」でもあるので、申請やその後のやりとりには配慮が必要でしょう。

解説

　Facebook は「友達申請」をしてそれを承認することにより、投稿を見たり DM でやりとりをしたりすることができるようになります（公開範囲に限定を設けていなければ投稿自体は友達にならなくても閲覧可能です）。X においても、鍵アカウントの場合は、フォロー申請を承認することで、投稿を閲覧することが可能となります。

　特に実名が原則の Facebook でよくあることであるため、以下では Facebook を主な対象として解説します。Facebook において、進行中の事件の依頼者や元依頼者、あるいは相手方などから友達申請があり、どう対応すればよいか悩む、という話をよく耳にします。

　もちろん、投稿内容自体の法的な問題は依頼者を友達とするか否かには関係ないので、投稿内容自体に法的な問題がないのであれば、依頼者等を友達

として承認することに問題はないように思えます。

　ところが、特に大規模ではない単位会などでは、相手方代理人と Facebook でもともと友達になっており、コメント欄などでやりとりをするということも珍しくありません。進行中の事件の相手方代理人と自分の代理人が親しげに、時にはふざけたやりとりをしているのを依頼者が見たら、不快な気持ちになったり、信頼関係に影響を与えたりする可能性もあるでしょう。

　このようなことを避ける方法としては、事件終了の前後を問わず一律で依頼者や相手方からの友達申請は断る（DM などで一言そのような方針である旨伝えたうえでお断りするとより丁寧でしょう）、事件進行中のみ断る、などが考えられます。もっとも、承認をしても、投稿ごとに公開範囲に配慮したり、あらかじめ相手方代理人と連絡を取り、Facebook の友達に依頼者がいるので事件進行中のやりとりは避けるよう伝えておくようにしたりなどすれば、問題は起きづらくなるでしょう。

　最近は Facebook を営業ツールとして使うことも珍しくありません。その場合、あまり友達申請の承認に消極的だと、効果を上げることも難しくなってしまいます。そのような場合に、公開範囲などをうまく利用することで効果的な活用を考えていくとよいでしょう。

　事務所の従業員・後輩弁護士や異性の弁護士と SNS で繋がることは、直ちにセクハラやパワハラ行為にならないことは明らかですが、SNS 上のやりとりは私的なコミュニケーションになりますので、相手の私的な場所に立ち入っている自覚を持つ必要はあります。厚生労働省が令和 2 年に発表した指針「事業主が職場における優越的な関係を背景とした言動に起因する問題に関して雇用管理上講ずべき措置等についての指針」（令和 2 年厚生労働省告示第 5 号）においては、「個の侵害（私的なことに過度に立ち入ること）」がパワーハラスメントの類型の 1 つに挙げられています。そうすると、指導する立場にある事務所の従業員等の SNS をフォローする場合には、私的な場所である SNS に、仕事の話を持ち出さないように注意する必要があります。仕事が遅れ気味の従業員に、SNS 上で「飲み会楽しそうだね」とコメントをつけることは、業務上の圧力にもなりかねず、パワーハラスメントの

一要素となり得ます。また、公開の SNS 上で行われれば、相手の社会的評価を下げることにもなりかねません。以上の観点から、SNS をフォローするにしても、SNS 上での関与は私的なものに留め、業務上のやりとりを行うことは避けるべきでしょう。

（2）実際にやりとりをするに当たって

Q22 公開範囲を弁護士に限定すればFacebookで事件関係の相談をしても大丈夫ですか。

Q23 Facebookで公開範囲が弁護士に限定された事件に関する相談の投稿を見かけたので、過去に自分が取り扱った事件について触れながら説明をしても問題ないですか。

A22　弁護士に限定をしたものでも、SNSを介さない通常の相談と同様、事案の抽象化等、ある程度の配慮は必要でしょう。

A23　広く一般に知られている事件について触れる場合や、依頼者や第三者のプライバシーが特定されない形で行われ、依頼者の利益が損なわれることもないのであれば、守秘義務に違反したことにはならず問題にはなりません。

解説

　Facebookには、弁護士限定のグループがあるということは前述しましたが、そのような場所で仕事上の相談をするということは少なくありません。しかし、そのグループの規模等によってそれぞれ一定程度の配慮が必要でしょう。

　まず、全国的な大規模グループなどで、具体的に誰が加入しているか把握できていない場合、事件の相手方代理人や相手方が相談中の弁護士などがそのグループに入っている可能性もあるので、そのつもりで質問や相談をする必要があります。

　また、比較的小規模で、誰が加入しているか把握できている場合でも、守秘義務は対弁護士の場合だからといって解除されることはありません。したがって、当然、守秘義務に反しないよう抽象化等して質問や相談をする必要があります。これは、SNSに限った話ではなく、電話や対面で相談する場合も同様なので、既に十分注意されていることではあるでしょう。

　SNS 上で質問に答える際にも、守秘義務違反にならないようにする注意が必要です。詳細は Q57 以下で述べますが、依頼者に対する守秘義務に違反していないかと、第三者に対する守秘義務に違反していないかの 2 点が問題となります。依頼者との関係では広く一般に知られている事件又は依頼者が特定されない形で、依頼者の利益を損なわない投稿として行われるのであれば、秘密の漏示をすることも許されます。第三者との関係では、秘密の漏示については、正当な理由がなければ弁護士法 23 条の守秘義務違反となります。他の弁護士の質問に答えることに、依頼者の名誉の回復の目的や、将来の違法捜査の抑止などの公共の利益の実現目的は認められません。したがって、第三者の秘密の漏示に該当する場合には、弁護士法 23 条に反する可能性が高いです。

　公開範囲が弁護士に限定されていれば、守秘義務違反にならないのではないかと思われる方もいるかもしれませんが、公開範囲が限定されても、秘密を第三者に漏示することの性質がなくなるわけではありません。したがって、弁護士のみが見る投稿であることに意味はなく、公開範囲の限定は守秘義務違反を許容するものではありません。第三者に対する守秘義務違反が問題となる場合には、正当な理由に基づく秘密の漏示であるかどうかを検討する余地がありますが、単なる弁護士同士の相談では正当な理由は認められないでしょう。

　よって投稿の際には、決して事案が特定できないように抽象化して行うべきであるし、有名事件に関しては特定できないように抽象化したとしても推知できる可能性がありますから、他の弁護士の見解を聞いてみてよいか依頼者の同意を得たうえで限られた範囲にするのでなければ、投稿すべきではないでしょう。

Q24 趣味の仲間や同期の弁護士と交流するために、X を利用してきました。最近、ある弁護士から X を始めたのであなたのアカウントを教えてほしいなどと尋ねられましたが、答える必要がありますか。

A24　　あなたが答えたくないなら、回答する必要はありません。

解説

　業務上の必要があって X 等の SNS を利用するのであればともかく、基本的には X 等の SNS はプライベートな活動のために個人の自由な意思で利用するものです。知り合いにアカウントを教えてフォローされてしまうと、その人には自分の書き込みがリアルタイムで伝わってしまうことになります。休日に趣味の活動について書き込みをしても、そのことがフォロワーには伝わっていきます。

　また、X の場合には、公開アカウントで運用している以上、検索機能などを使うと、フォロー・フォロワーの関係になくても、興味を持っている人の目に止まる確率は高くなります。例えば、日弁連の人権大会で地方に出張し、食事をしているところを写真付きで投稿したとすれば、「人権大会」「○○市」などというキーワードを使って検索すれば、あなたの投稿が表示されてしまうかもしれません。

　特に事務所の所長やそれほど親しくない知人や依頼者などにアカウントを教えてしまうと、日常を監視されているような気分になるかもしれません。他人の目を気にして自由な発言ができないようでは、SNS を使う意味はなくなってしまいます。

　したがって、他人からアカウントの有無を聞かれたとしても、本当に心を許した相手でなければアカウントを教える必要はないでしょう。「やっていない」「趣味用に利用しているだけなのでちょっと…」「閲覧目的で使ったことはあるが積極的には活用していない」などと答えておけば、相手もそれ以上、深く追及はしないでしょう。仮に検索などでそれらしいアカウントを見

つけられ、「『○○』というアカウントはあなたのものか」と聞かれたとしても、「他人じゃないですか」などとかわしておけばよいものと考えます。

　また、Xであれば鍵付きのアカウントにしたり、複数アカウントを持ち、差し支えのないアカウント（いわゆる表アカ）だけを教えて、日常のツイートは別のアカウント（いわゆる裏アカ）で行うなど、いくつかの工夫をしている人もいます。特に、Xの仕様としては、公開アカウントである限り、世界中の誰からでも投稿内容が見えるようになっています。知っている誰かが見ている可能性を考えて、実名アカウントにするのか匿名アカウントにするのか、鍵をかけるのか外すのかを決めるとよいでしょう。

　また、アカウントが他人に知られそうになった場合には、自分のプライバシー情報を守るという意味でも、身近なことに関するポストを自分で削除することも必要になるかもしれません。

　他方で、鍵付きアカウントの場合には、検索にかかる可能性も少ないですし、フォロワーとして自分が承認していないアカウントに投稿内容を読まれることはありません。したがって、特定の人とだけやりとりしたいとか、Xをはじめて使うので勝手がわからないという場合には、原則として鍵付きアカウントを使うことを推奨します。

　もっとも、鍵付きアカウントの場合でも、フォロワーの誰かが、スクリーンショットを取ってその画像を転送すれば、その投稿内容は拡散されてしまいます。したがって、鍵付きアカウントであっても、投稿する内容には一定の配慮をすべきですし、悪意を持っていそうな人や、全く見ず知らずのアカウントをむやみにフォロワーとして受け入れることはやめておいた方がよいでしょう。

Q25 学校の同級生や趣味の自転車仲間と交流するために、Facebook を利用しています。最近、ある弁護士から友達申請がありました。承認する必要がありますか。

Q26 依頼者から Facebook メッセンジャーを使って連絡を取りたいので、Facebook 上で友達になってほしいといわれました。どうすればよいですか。

A25　　承認する必要はありません。承認する場合には投稿の設定を見直しましょう。

A26　　依頼者との関係によります。顧問等で即時の対応を心掛けたいなら友達関係になってメッセンジャーでやりとりすることもよいでしょう。

解説

　基本的には、Q24 で説明したように、SNS 自体がプライベートなものであるので、Facebook の場合でも、親しくない知人や上司と友達になるメリットは少なく、これを受け入れる必要はないでしょう。しかし、Facebook は実名登録が原則ですので、検索機能を使ったり、ある友達が友達リストを公開していたりすると、他の人にはあなたが Facebook のアカウントを開設していることがわかってしまいます。また、Facebook は、個人情報を利用して、「知り合いかも？」という機能で勝手にまだ友達になっていない人とのマッチングを勧めてくることがあります。したがって、「積極的には繋がりたくない」という人から友達申請がくることは避けられない部分があります。

　そのような場合でも、友達申請自体を拒絶したり、承認しないまま放置したりしておくことはできます。いちいち理由を説明する必要はありませんが、もし、「友達申請を送ったけど見てくれた？」と問われたら、Q24 での解説を参考に、適当な言い訳をしておけばよいでしょう。

　特に Facebook の場合には、個人名と投稿内容が結び付いており、また、個々の投稿に「いいね」やコメントを付けられるようになっています。したがって、「いいね」やコメントを付けられること自体が負担に感じるような関係の人とは、友達にならないことがストレスなく Facebook を利用できる前提といえるのではないでしょうか。

　また、そもそも、なるべく自分のアカウントが検索できないようにしておくという方法もあります。Facebook には、自分の名前をダイレクトには検索できないようにする設定があります。また、あなたに友達申請を送れる人の範囲を「友達の友達」に限定することもできます。そうすれば、少なくとも、全く知らない人や縁の薄い人から友達申請が来ることは少なくなります。また、自分や友達のプライバシーを守る意味で、自分の友達リストを非公開にしておくことも、アカウントが不必要にオープンになることを防止するのに役立ちます。もっとも、Facebook の場合、広い情報発信や営業目的で利用することもあるでしょうから、その場合には、逆の運用を行うこともあり得ると思います。

　Facebook の特徴として、投稿の公開範囲を細かく制限することができます。そこで、親しさの度合いや投稿する内容に応じて、公開範囲を調整することも必要でしょう。Facebook の場合、公開範囲は、「公開」（友達でなくても誰でも閲覧可能）と、「友達」限定のものがデフォルトで用意されています。Facebook がプライベートなものであるとすれば、広報したい出来事以外は、原則として、「友達」限定にしておくことが必要でしょう。また、公開する友達を限定して、それをあらかじめリストとしてまとめておくこともできます。そうすれば、「弁護士だけに知ってもらいたい」とか「趣味の仲間に写真を見せたい」などという場合にも、リストを切り替えることによって投稿を閲覧できる友達の範囲を限定することができます。また、この設定は後から変更することもできますので、有効に活用するとよいでしょう。

　ところで、Facebook メッセンジャー機能を使うために友達申請をしたい（する）というケースもあると思われます。メッセンジャーは、メールと違ってアプリをインストールしたスマートフォンに直接届けられ、比較的迅速

なレスポンスが期待できます。また、文字でやりとりしたことがログに残りますし、必要があれば画像やファイルも送ることができます。また、無料通話機能もありますので、直接話をしたくなった場合には、通話機能に切り替えてやりとりすることもできてしまいます（つまり、携帯電話の番号を知らなくても、友達になってさえいれば、通話ができてしまいます。LINE などでも同様です）。

　このようなことから、特に依頼者によっては、メッセンジャー機能を使って迅速に連絡を取りたいと希望してくるケースもあるようです。遠隔地にいる依頼者と迅速に打合せをしたいとか、顧問契約などの関係があり、夜間や休日などでも迅速なサービスを提供したいという場合には、メッセンジャー機能を使うことが有効です。グループを作ってチャットのように使うこともできるので、例えば複数の依頼者や代理人でチームを作っている場合などにも有効です。現在では、もはや「メールは時代遅れであり、メッセンジャーアプリが主要な連絡ツール」と考える人は、我々の業界以外には多いようです。

　Facebook の機能設定によっては、Facebook 上の友達にならなくてもメッセンジャー機能だけを使うことができます。また、メッセンジャー機能を使うことを主目的として Facebook 上で友達になる場合には、プライベートと仕事の切分けは不可欠だと考えられるので、前述した投稿範囲の設定などで、自分が出す情報をコントロールしていくという姿勢が必要なのではないでしょうか。

COLUMN.3

弁護士同士の居酒屋での会話

　弁護士同士で飲み会が開かれると、どうしても仕事の話になりがちです。もちろん、弁護士同士であっても守秘義務は発生しますので、相談内容は抽象化しなければなりません。

　それだけでなく、周囲で誰が聞いているかわからないということにも十分留意が必要でしょう。事件を抽象化したとしても、仮に隣の席に当事者や関係者がいれば、「自分の代理人が私のことを話している」などと思うこともあるかもしれません。お酒の席では声が大きくなってしまったり、冗談を交えて話したりしてしまうこともあるでしょうから、聞いてしまった当事者等に不信感を持たれかねません。

　飲み会の予約を個室にするなど、各自配慮はしているのでしょうが、特に中小規模の地域では気をつけた方がよいでしょう。

　SNSでのやりとりは、これをさらに拡大させたようなものです。どこで誰が聞いているかわからないという点を常に意識しておく必要があるでしょう。

5 ｜ SNS を受任事件に利用するに当たって

Q27 相手方本人が SNS を利用しているのを発見した場合、何かメリット・デメリットはありますか。

Q28 相手方から証拠で SNS の写しが出てきた場合の留意点等はありますか。

A27　　SNS によって証拠収集ができたり、主張の矛盾が発覚したりするなどの場合もあります。相手方代理人については、前述したように SNS 上でコミュニケーションを取る際に留意が必要でしょう。

A28　　アカウントと本人の同一性や投稿の時期等は確認する必要があるでしょう。

解説

　交渉や訴訟の相手方本人が SNS を利用しているということも珍しくありません。相手方本人が実名アカウントを利用していて、検索をしたらそれを発見できたということもあるでしょう。

　例えば不貞事件の場合で、不貞の事実を否定しているにもかかわらず 2 人で外出している投稿が発見できた場合、有力な証拠となるでしょう。交通事故や傷害事件においてけがの重大性を主張している人が元気に遊んでいる様子を投稿していたり、「精神的苦痛で家に引きこもっている」と主張している人が旅行の写真を投稿していることもあるかもしれません。

　近時、訴訟においては双方 LINE のトーク履歴などを証拠として提出することが珍しくありません。このような場合に、SNS を利用している場合とそうでない場合で当該証拠から読み取れる情報に差が出てくる可能性があります。

　例えば、LINE のトーク履歴が提出されたが、その画面には「時間」しか

表示されておらず、それが相手方の立証する時期のものか判然としないとい
う場合があります。このような場合に、LINE の背景画像である程度の時期
が特定できる場合があります。これは、LINE の背景画像において、期間限
定で雪が降ったり、桜が舞ったりすることがあるからです。これを知ってい
れば、背景画像によってある程度の時期の特定ができることとなります。

　また、LINE や X は匿名アカウントで利用している人もいるため、証拠
として出された匿名アカウントの投稿が当該人物のアカウントであるとして
証拠提出されることもあるでしょう。これについては、安易に匿名アカウン
ト主と当該人物の同一性を認めるのではなく、投稿内容等から同一性に疑い
を持った場合には、作成の真正を否認するなどの対応が必要となる場合もあ
ると考えられます。その匿名アカウントが当該人物かどうかを明らかにする
ため、特定電気通信役務提供者の損害賠償責任の制限及び発信者情報の開示
に関する法律（以下、「プロバイダ責任制限法」[1]）に基づく発信者情報開示
請求を利用することも考えられますが、同法に基づく一定の要件を充足して
いる必要があり、常に利用できるものではありません。少なくとも、発信内
容が依頼者の権利を侵害するような内容である必要があると考えられます。

　そもそも、当該投稿の証拠がねつ造されたものであることもあるかもしれ
ません。LINE の場合、表示名（画面に表示される名前）は他の人が既に使
っているものも使用可能であるため、アイコンと表示名を偽造して仮想のト
ークを作成して証拠化することは比較的容易です。もちろん、依頼者のトー
クであれば依頼者に確認すればわかることですが、第三者の場合はこのよう
な観点から疑問を差し挟む余地もあるかもしれません。

　このように、実際に使ってみないとわからないことで、代理人間で思わぬ
差が出てしまうこともあるので、まずは実際にアカウントを作成してみると
いうのもよいのではないでしょうか。

1）令和 6 年法律 25 号により、特定電気通信による情報の流通によって発生する権利侵害等への
　対処に関する法律（情報流通プラットフォーム対処法）に改正され、令和 7 年 5 月までに施行
　予定（本書発刊時において未施行）。

Q29 LINE のトーク履歴を証拠として提出したいのですが LINE ヤフー株式会社から入手することはできますか。

Q30 証拠として利用する際の留意点などはありますか。

Q31 自分の依頼者が SNS で事件について投稿しているのを見つけた場合、どのようにすればよいでしょうか。

A29　LINE ヤフー株式会社については、弁護士会照会等による記録開示には現時点では応じていないようです。

A30　SNS の場合、スクリーンショット等で提出することが多いでしょうが、日時や発言者が明らかになるよう撮り方を工夫しましょう。また、HP 一般に当てはまることですが、提出する HP の URL が欄外に記載されるよう印刷方法を設定しましょう。

A31　禁止することはできませんが、相手方に証拠として利用される可能性があることについて説明をしておくべきでしょう。

解説

（1）前述したように、近年、民事・刑事問わず LINE でのやりとりが証拠として提出されることは珍しくありません。提出する側としてはどのような留意点があるでしょうか。

　例えば、相手方が不貞行為の存在を否定しているが、依頼者が何らかの方法で、相手方と不貞相手の LINE でのやりとりを入手できた場合、それを証拠として提出することとなるでしょう。また、依頼者自身の LINE でのやりとりを証拠として提出するような場合もあると考えられます。

　まず、他人との LINE でのやりとりなどを証拠として提出するために複製することが著作権法上問題とならないかについては、同法 42 条が「著作物は、裁判手続のために必要と認められる場合及び立法又は行政の目的のために内部資料として必要と認められる場合には、その必要と認められる限度において、複製することができる。ただし、当該著作物の種類及び用途並びに

その複製の部数及び態様に照らし著作権者の利益を不当に害することとなる場合は、この限りでない」とありますので、この範囲内で許容されることになると考えられます。

　具体的な使用方法としては、証拠として提出したいやりとりについての日時に争いがない場合は別ですが、日時が争点となるような場合、証拠化する際にも日時が特定できるよう注意する必要があります。特にLINEの場合、個々のトーク（発言）自体には時間のみが付され、日付はその日の最初のトークの上部まで遡らなければ記載されません。日付と証拠として提出したいトークが1枚の紙で証拠化できないような場合もあるでしょう。

　このような場合、画面の動作を動画でスクリーンショット撮影し、日付から当該トークまでを動画として撮影するという方法も有効でしょう。これは、相手方から「印刷された当該トークは偽造された証拠である」と主張されることを防ぐことができるという点でも有用な方法といえるでしょう。

　なお、HP一般について証拠化の際に留意すべき事項としては、証拠として提出したいページをいったん自己のパソコンに取り込むなどせず、当該ページのURLが欄外に記載されるような印刷方法となるようにしなければ、当該HPが特定されない可能性があるという点があります。

　この点について、知財高判平成22・6・29平成22年（行ケ）10082号裁判所HP〔28161765〕という裁判例があります。この事案では、HP上に商標権侵害の記載があった証拠として、当該HPをプリントアウトしたものが提出されました。しかし、その証拠の欄外には当該HPのURLではなく、パソコンのローカルフォルダのアドレスが記載されていたのです。裁判所は、「インターネットのホームページを裁判の証拠として提出する場合には、欄外のURLがそのホームページの特定事項として重要な記載であることは訴訟実務関係者にとって常識的な事項である」と判示し、URLの記載のない証拠では、当該内容が当時HPに掲載されていた証拠にはならないとしています。

（2）証拠収集方法として、弁護士会照会によってLINEヤフー株式会社に直接トーク履歴等の開示を求める方法も考えられますが、現時点では、確認

できる限り、LINE ヤフー株式会社がこれに応じたという事例は見当たらないため、難しいと考えられます。

（3）前記のように、様々な場面で SNS が証拠となってくるということは、自分の依頼者にとって不利な証拠も出てくる可能性があるということです。進行中の事件の依頼者すべてに SNS の利用を禁じることは現実的ではないし、弁護士がチェックするわけにもいきません。もっとも、少なくとも、進行中の事件がある間の SNS 投稿が相手方や相手方代理人に見られ、証拠として出てくる可能性があることについては十分依頼者に説明し、その点に気をつけてもらうことはできるでしょう。

弁護士がSNSを
私的な場面で
利用する

1 プライベートな投稿

Q32 弁護士が職務に関係ないプライベートな投稿をすることで、懲戒されることはありますか。

A32 プライベートな投稿であっても「品位を失うべき非行」には該当し得るため、注意が必要です。具体的には、投稿自体が刑罰法規に触れる場合や、他者に対する権利侵害になる場合などは、懲戒事由に該当するおそれが高まるでしょう。

解説

弁護士の懲戒事由については、「弁護士及び弁護士法人は、この法律又は所属弁護士会若しくは日本弁護士連合会の会則に違反し、所属弁護士会の秩序又は信用を害し、その他職務の内外を問わずその品位を失うべき非行があったときは、懲戒を受ける」（弁護士法56条1項）と規定されています。この「品位を失うべき非行」については、「職務の内外を問わず」という留保が付されており、条文上、私生活上の非行も含まれ得ることが明示されています。

とはいえ、何が「品位を失うべき非行」に該当するかという明確な基準は示されていません。個別のケースごとに実質的に判断されています。複数の懲戒事例を俯瞰してみると、単なる不適切な言動を超えて、脅迫や名誉毀損などの刑罰法規に触れるのではないかと思われるような場合や、少なくとも民法上の不法行為に該当するような場合に、「品位を失うべき非行」として懲戒されています。

近時参考となる例として、X上に「弁護士費用を踏み倒す奴はタヒね！」（「タヒね」は「死ね」を表す隠語）という投稿をした弁護士が懲戒請求を受けた件があります。大阪弁護士会では戒告の懲戒処分を受けましたが、その

後、日弁連の審査請求においては「私的な発言は表現の自由の対照として広く許されるべきだ」として懲戒処分が取り消されました。ただし、日弁連では同時に「軽薄で下品な表現」とも評価されており、「品位」との関係では危うい表現だったといえるでしょう。

2 私的な投稿にまつわるトラブル

（1）名誉毀損

Q33 先日訪れた飲食店のサービスがよくなかったため、お店の実名を出して酷評する投稿をしました。名誉毀損などの問題は生じるのでしょうか。

A33 投稿内容の書き方によっては、名誉毀損に当たる場合があります。

解説

　投稿が名誉毀損に該当するかどうかについては、刑法上の名誉毀損罪（刑法230条）と、民法の不法行為としての名誉毀損とを区別して考える必要があります。まずは、違法の程度が大きい前者から検討します。

（1）刑法上の名誉毀損

　刑法230条1項では、「公然と事実を摘示し、人の名誉を毀損」することが、名誉毀損罪に当たると規定されています。ただし、名誉毀損罪は親告罪とされているため（同法232条1項）、名誉毀損罪に該当しても、被害者による告訴がなければ処罰されません。

　まず、SNSに情報を公開することは、不特定又は多数の者が認識し得る状態に置くことに当たるため、「公然と」の要件を満たします。また、「人の名誉を毀損」という要件も、単に社会的名誉が低下する抽象的危険が生じたことで足ります。そうすると、名誉毀損の成否は、一次的には「事実を摘示」したか否かによって左右されることになります。

　この点について、事実の摘示には、意見や評価は含まれません。例えばあるラーメン店について「行ったら損をする」「コスパが悪い」「接客が良くない」などの意見ないし評価は、事実の摘示に当たらないため、名誉毀損に該

当しません。他方で、あるラーメン店について「あなたが○○で食事をすると、飲食代の 4〜5% がカルト集団の収入になります」などといった具体的事実を記載した場合は、事実の摘示に当たります（最判平成 22・3・15 刑集 64 巻 2 号 1 頁〔28166369〕）。ただし、名誉毀損とならないとしても、表現方法によっては侮辱の問題が別途生じるので、批判するにしても侮辱的な表現は避けるようにしましょう。

　なお、名誉毀損については、いわゆる真実性の抗弁（刑法 230 条の 2）という違法性阻却事由が規定されています。その内容としては、名誉毀損行為が、公共の利害に関する事実にかかり（公共性）、その目的が専ら公益を図ることにあったと認められる場合で（公益性）、摘示した事実が真実であることの証明があった場合に、違法性が阻却されます（最大判昭和 44・6・25 刑集 23 巻 7 号 975 頁〔24004915〕）。

　これについて、飲食店のサービスの善し悪しは、そのお店の規模やサービスの内容によっては公共性があり、かつ、公益目的であるということができると思われますが、単に個人飲食店の接客が悪かったというような内容であれば、公共性・公益目的は満たされるとは限りません。

（2）民法上の名誉毀損

　民法上の名誉毀損とは、主として他者の社会的評価を低下させることによる不法行為を指します。不法行為については、刑法のような公然性要件、事実の摘示要件などはありません（SNS 上の投稿について、公然でないと判断されることはほぼないでしょうが…）。

　事実の摘示については、新聞記事による名誉毀損が争われた事案で、「名誉毀損の不法行為は、問題とされる表現が、人の品性、徳行、名声、信用等の人格的価値について社会から受ける客観的評価を低下させるものであれば、これが事実を摘示するものであるか、又は意見ないし論評を表明するものであるかを問わず、成立し得る」（最判平成 9・9・9 民集 51 巻 8 号 3804 頁〔28021760〕）と判示されており、意見ないし論評であっても名誉毀損は成立し得ます。ただし、意見ないし論評であるという事実は、主として「社

会的評価の低下があるか」という問題として考慮されます。というのは、単純な主観的意見や正当な論評では、お店の社会的評価は低下しないと考えられるからです。例えば、飲食店のサービスの善し悪しについて、「サービスが良くない」「接客がひどい」などという投稿は、客観的な判断基準のない投稿者の主観的意見にすぎず、一般の閲覧者もそのように受け取ることから、お店の社会的評価を低下させません。その他、飲食店のレビューでありがちな「料理がまずい」とか「コスパが悪い」といった投稿も、同様に考えることができます。

　ただし、通常の意見表明を超えて、悪質な誹謗中傷にわたる場合には、社会的評価の低下を生じさせ名誉毀損になることがあります。また、社会的評価の低下が生じないとしても、名誉感情侵害として不法行為になり得ます。インターネット上においてしばしば使われがちな「バカ」などの表現も、社会的評価の低下を認めた裁判例（東京地判平成21・9・17公刊物未登載。ただし、文脈から判断して「意見ないし論評の域を逸脱したものであるとまでいうことはできない」として不法行為の成立は否定）もあるため、使用を控えた方がよいでしょう。なお、名誉感情侵害、侮辱については、本章Q55も参照してください。

　ちなみに、条文上の規定はありませんが、民法上の名誉毀損についても刑法と同じく真実性・相当性の法理による抗弁が認められています（最判昭和41・6・23民集20巻5号1118頁〔27001181〕）。対象者の社会的評価を低下させる投稿であっても、その行為が公共の利害に関する事実にかかり、専ら公益を図る目的に出た場合には、真実性が証明されれば違法性が阻却され、それが真実でなかったとしても真実と信じるにつき相当の理由がある場合には、故意若しくは過失がないものとして不法行為が成立しません。

　飲食店のサービスの善し悪しは、通常は公共の利害に関するとはいえないでしょうが、例えばサービスが悪い原因として大規模なチェーン店における構造的な過重労働問題を指摘するなど、公共の利害に関するものであれば、この抗弁も問題になり得ます。

Q34 お店の名前を伏せ字にしていた場合はどうでしょうか。

A34　実名が推知できる場合には名誉毀損が成立するおそれがあります。

解 説

　名誉毀損は、対象者の社会的評価を低下させることですので、匿名などで対象者がわからない場合には名誉毀損は成立しません。ただし、投稿上は匿名であっても、閲覧者にとって対象者が誰であるか特定可能であれば、名誉毀損が成立します。例えば、「ラーメン屋ひろべん」のことを「ラーメン屋 H ろべん」と伏せ字にした場合は、一応匿名ではあるものの、投稿それ自体から特定可能といえます。

　また、特定可能性の判断は、単に当該投稿内容だけではなく、投稿者のプロフィールや他の投稿などから判明する周辺事情も考慮されます。投稿者が、普段どこに住んでいるのか、よく行くお店はどこなのかが投稿されていれば、「新規開店の H 店」という程度の投稿であっても、閲覧者にはお店の名前がわかってしまいます。

　また、背景事情を知る一部の閲覧者には特定し得るということでも、特定性は認められます。特に、SNS の情報は拡散され得るものですから、直接の閲覧者にはわかり得なかったとしても、事情を知る者に伝播する可能性があったというだけで認められることがあります（否定・肯定の裁判例あり）。特に飲食店の場合は、料理などの写真とともに SNS に投稿することも多いでしょうが、店内の様子を知る者には、画像に写り込んだ内装なども特定の手がかりとなります。

　およそ完全に匿名化することができない以上、まずは不適切な投稿をしないということに気を配るべきでしょう。

Q35 知り合いが SNS 上でお店の名前を伏せて酷評していました。日付からいって、私と一緒に行ったお店のことだと思ったので、「先日一緒に行った○○のことですね」とお店の実名を出してリプライしました。私自身はお店について何も言及していないのですが、名誉毀損に当たり得るのでしょうか。また、名誉毀損に当たり得る場合、元の投稿をした人はどうなるのでしょうか。

A35　　リプライの場合は、リプライされた元ポストも容易に参照できることから、併せて名誉毀損に当たり得ます。元の投稿をした人は、特に示し合わせがなければ、事後的に名誉毀損等の責任は負いません。

解説

　ここでは、元のポストが「対象が特定できれば名誉毀損に当たる」ことを前提に、検討します。

　まず、対象の特定については広めにとらえられており、すべての一般読者にわかる必要はありません。少年事件の犯人報道についての判断ですが、「対象者と面識があり、又は犯人情報あるいは対象者の履歴情報を知る者は、その知識を手がかりに本件記事が対象者に関する記事であると推知することが可能であり、本件記事の読者の中にこれらの者が存在した可能性を否定することはでき」ない（最判平成 15・3・14 民集 57 巻 3 号 229 頁〔28080936〕、いわゆる長良川事件判決）という場合には、対象者が特定されていると判示されています。

　そのうえで、インターネット上では、単に当該投稿だけではなく、周辺事情や別の投稿（同一人による別の投稿だけでなく、関連する他人の投稿も含む）も含めて対象者の特定が判断されます。

　SNS の事案ではありませんが、インターネット掲示板内の同一スレッド内でなされた複数の投稿から、プライバシー侵害の対象の特定を肯定した裁判例があります（東京地判平成 27・6・5 平成 26 年（ワ）29590 号公刊物未

登載〔29021894〕)。「ある女性がもともと風俗店で働いていたこと」が複数の投稿から見て取れるところ、その後に「当該女性の名前」を投稿したことがプライバシー侵害と判断されています。これになぞらえると、SNS のリプライも元ポストが簡単に参照でき、また、投稿間のつながりも容易に見て取れるため、リプライで表示される範囲では関連付けて判断されると思われます。

　そうすると、本設問では、店舗の実名を特定してお店を酷評するという名誉毀損的な投稿をしていることとなり、名誉毀損の責任を負うことになります。

　他方、元ポストの時点では対象が特定されておらず、後に他者の投稿によって対象が特定されてしまっているので、元ポストの投稿者には名誉毀損は成立しません。ただし、そのようなリプライが付いたときに元ポストを消す必要があるかどうか（消さずに維持しておいたことが別途名誉毀損になるか）という問題もあり得ますが、単に消さなかったという不作為のみでは名誉毀損には当たらないでしょう。

Q36 そもそも私は有名人ではなく、アカウントにもフォロワーが少ないのですが、それでも名誉毀損が成立するのですか。

A36　　ごく限定された状況では、刑法上、民法上の名誉毀損が成立しないケースもありますが、基本的にはインターネット上に公開された時点で名誉毀損が成立します。

解説

　フォロワーがごく少数である場合は、他人の社会的評価を下げるような投稿をしても当該投稿が人目に触れる機会がほとんどないので、社会的評価の低下がないのではないかとも思われます。そこで、この点について理論的に検討します。

（1）　まず、刑法上の名誉毀損としては、公然性の要件の中で検討される事

項となります。公然性とは、「不特定又は多数の者が認識し得る状態に置くこと」と解されているところ、SNS 上に公開された情報は、たとえ直接のフォロワーが少数であっても、非公開設定にしていない限り見ようと思えば誰でも（フォロワーでなくても）見ることのできるものですから、少なくとも不特定の者が認識し得る状態に置かれているといえます。

　そうすると、フォロワーが少ないことは、主に情状として考慮される一事情とはなるとしても、犯罪の成立にはほとんど影響しないものと思われます。

　ただし、一部の人にのみ閲覧が許可されている非公開のアカウントであって、しかもフォロワーがごく少数であるとか、Facebook の許可制のグループ内での投稿などであれば、特定少数人の中でのみの情報公開という余地はあります。とはいえ、直接の閲覧者から第三者へと情報が伝播する可能性があるため、秘密保持について配慮されたグループであるなどの特別の事情がある場合にのみ、公然性が否定され得ると思われます（なお、公然性を否定した判例としては、東京地判平成 15・8・22 判時 1838 号 83 頁〔28090144〕があります。大学理事会での人事意見書の読み上げについて、人事評価の秘匿性、出席理事の守秘義務、議事録に残さないなどの特別の配慮をしたことを理由として伝播可能性を否定し、公然性を否定しました。これを参考にすると、ここまでの配慮が想定できない SNS 上の投稿では、ほとんどが公然性の要件を満たすものと思われます）。

　また、作ったばかりのアカウントでまだ誰もフォローしていないなど、常識的に考えて誰かが見るとは想定されないような投稿であり、しかもフォロワーが増える前に当該アカウント又は当該投稿が削除された結果、実際にもほとんど誰も見なかったような場合には、可罰的違法性がないとして違法性が阻却される余地もあり得ます。

（2） 民事上の名誉毀損については、刑法のような公然性の要件がないため、フォロワーが少なくても名誉毀損は成立し得ます。

　ただし、フォロワーが少ない一般人である場合に、投稿内容が感情的であり、配偶者への不満について単に共感を求めるような内容であることも相ま

って、「控訴人（投稿者）のように著名ではない一般人によるツイッター上の書き込みは、特にその内容が特殊なものでない限り、不特定多数の利用者の関心の対象とはならないと考えられることも考慮すると、控訴人による上記書き込みの行為は、被控訴人の名誉や感情を侵害する違法な行為として評価するには足りないというべきである」（東京高判平成 23・9・29 平成 23（ネ）1502 号等公刊物未登載〔28264374〕）と判示されたものもあります。

　とはいえ、「著名でない一般人」とはどういった者なのか、フォロワーが増えると一般人ではなくなるのか、「不特定多数の利用者の関心の対象」となる特殊な内容とは何なのかなど、不明確な部分も多いため、単にフォロワーが少なければ名誉毀損的な発言が許容されるものと理解することはできません。特に弁護士は、弁護士であれば直ちに「著名」というわけではないでしょうが、いまだ社会の注目を集めがちな肩書きであることは自覚すべきでしょう。

（2）プライバシー侵害

Q37 知人と飲み会に行き、SNS に投稿しました。私は実名でアカウント
を作成しているので、知人のことも実名で記載したのですが、プラ
イバシー侵害に当たるでしょうか。

A37　　単に飲み会に参加したという程度であればプライバシー侵害に当た
らない可能性が高いですが、SNS に名前を出すときは本人の承諾を
得るべきです。

解説

　他人のプライベートな情報を公開することが、どのような場合にプライバ
シー侵害に当たるかを検討します。

　裁判所が私法上のプライバシー権を認めたのは、東京地判昭和 39・9・28
判時 385 号 12 頁〔27421273〕（いわゆる小説「宴のあと」事件）です。この
判決では、事実の公表がプライバシー権侵害となる規範を提示しており、諸
説はあるものの、現在でもこの判決の示した規範が一応適用されています。

　本判決では、プライバシー侵害の成立する場合として、

① 　私生活上の事実又は私生活上の事実らしく受け取られるおそれのある
事柄であること（私事性）

② 　一般人の感受性を基準にして当該私人の立場に立った場合公開を欲し
ないであろうと認められる事柄であること（秘匿性）

③ 　一般の人々にいまだ知られていないこと（非公知性）

④ 　このような公開によって当該私人が実際に不快、不安の念を覚えたこ
と（不快感）

という 4 要件が示されました。これらの要件を満たし、かつ、違法性阻却事
由がないものは、違法なプライバシー侵害となります。

　これらを踏まえて、本件のように「飲み会に一緒に行った」という投稿を
することの是非を検討します。

　飲み会に参加したという事実は、私生活上の事実ですので、私事性があります。また、投稿前において一般の人々にいまだ知られていないことでもあるため、非公知性も認められます。

　しかし、一般人の感受性を基準にして、その知人が飲み会に参加したことを知られたくなかったとまでいえるかというと、さらに特別な事情がない限りは、そこまではいえないでしょう。このような事案では、秘匿性がないために、プライバシー権侵害が成立しない可能性が高いといえます。

　とはいえ、およそどの SNS においても、他人の情報を勝手に公開することはマナー違反とされています。特に問題がなさそうでも、一言声をかけて承諾を得ておく習慣を身につけておきましょう。

Q38 Facebook にゴルフコンペの投稿をした際、参加者をタグ付けしました。タグ付けには何か問題はありますか。

A38　　タグ付けもプライベートな情報の公開に当たりますが、ゴルフコンペ程度であればプライバシー侵害までは生じないでしょう。

解説

　タグ付けとは、SNS 上で、自分の投稿に、他人のアカウントのプロフィール画面へのリンクを貼り付けることです。Facebook では、タグ付けを行うと投稿に「A さんといます」と表示され、閲覧者が「A さん」という名前の部分をクリックすることで Facebook 上の A さんのプロフィール画面を見ることができます。Facebook のほか、X や Instagram でもタグ付けをすることができます。

　なお、タグ付けをされると、タグ付けされた人（前記の A さん）にもタグ付けされた旨の通知がなされます。

　Facebook では、甲野太郎さんが乙山花子さんをタグ付けして投稿すると、乙山花子さんの友達のタイムラインにも当該投稿が表示されます（ただし甲野太郎さんの設定した公開範囲によります）。このため、乙山花子さんの友

達は、甲野太郎さんの投稿を見ることで、「乙山花子さんが今日、他にタグ付けされた参加者とともにゴルフコンペに参加している」ということを知ることができます。

こうした情報は、Q37のプライバシー侵害の基準に従うと、私事性・非公知性があるといえます。しかし、この点についてもやはり、特別な事情がない限り、ゴルフコンペに参加したことには秘匿性がないといえるでしょう。

タグ付けについても、勝手にタグ付けしないことはSNS上のマナーといえます。不法行為に該当するかどうかとは別に、基本的には一言声をかけるなどして承諾を得ておくべきです。

Q39 匿名アカウントの人とオフ会で知り合いました。その方が高名な弁護士だったので、オフ会にその方が来ていたことを投稿したところ、匿名アカウントの名前を晒す結果になってしまいました。

A39 匿名アカウントの実名を晒すことは、プライバシーの侵害に当たるおそれが大きいでしょう。

解説

Q37・38で解説したとおり、当該私人の立場に立った場合公開を欲しないであろうと認められる事柄を公開すると、プライバシー侵害に当たり得ることになります。

匿名アカウントは、現実の身分関係を離れて自由な言論を行うために、あえて実名を秘しているのが通常と考えられますから、その人の実名は公開を欲しないであろうと認められる事柄に当たります。

ただし、形式上は匿名アカウントであるものの、SNSのプロフィール欄に事務所HPへのリンクを張っているとか、普段の投稿の中に投稿者の実名、又は実名を特定するに足る積極的な情報が含まれている場合には、公開を欲しないであろうと認められるかどうかの判断が変わることになるでしょう。

　ただし、SNS 上の基本的なマナーとして、匿名アカウントの実名を晒すことはタブーといえます。人によっては、性別、居住地域又は所属弁護士会、修習期、若手であるかどうかなども秘匿しているケースがありますので、匿名アカウントの場合は基本的に個人情報は、基本的に一切投稿しないのが無難です。

（3）肖像権侵害

Q40 飲み会で撮った写真を SNS にアップロードしたところ、参加者から「肖像権侵害ではないか」と指摘されました。その人を狙って撮影したわけではないですが、肖像権侵害になるのでしょうか。

A40　他人の容ぼうを撮影した画像を公開している以上、肖像権侵害に当たるおそれはあります。

解説

　飲み会等の写真を SNS にアップロードすることはしばしばなされていますが、肖像権又はプライバシー侵害の問題が生じ得ます。なお、プライバシーについては既に取り上げ済みですので、ここでは画像のアップロードということで肖像権に絞った話をします。

　肖像権については、公法上の権利としては最大判昭和 44・12・24 刑集 23 巻 12 号 1625 頁〔27681653〕（いわゆる京都府学連デモ事件）において「何人も、その承諾なしに、みだりにその容ぼう・姿態を撮影されない自由を有する」と判示されており、早い時期から認められています。

　私法上の保護対象としても、最判平成 17・11・10 民集 59 巻 9 号 2428 頁〔28102344〕において「人は、みだりに自己の容ぼう等を撮影されないということについて法律上保護されるべき人格的利益を有する」「人は、自己の容ぼう等を撮影された写真をみだりに公表されない人格的利益も有する」と判示されています。そして、ここで注目すべきは、肖像権は、①自己の容ぼう等を撮影されない自由と、②容ぼう等が撮影された写真を公表されない自由の 2 つの側面の権利として理解されていることです。

　他人の写真を無断撮影しないことはマナーとしても当然ですが、承諾を得て撮影した写真でも、当然にインターネット上にアップロードしてよいわけではありません。最初から写真を SNS にアップロードするつもりであれば、撮影時に、他人の容ぼう等が写らないように配慮して撮影するか、又は撮影

時に SNS にアップロードするつもりであることを告げて承諾を得ておきましょう。

　さらに同判例は、「ある者の容ぼう等をその承諾なく撮影することが不法行為法上違法となるかどうかは、被撮影者の社会的地位、撮影された被撮影者の活動内容、撮影の場所、撮影の目的、撮影の態様、撮影の必要性等を総合考慮して、被撮影者の上記人格的利益の侵害が社会生活上受忍の限度を超えるものといえるかどうかを判断して決すべきである」と判示しています。最終的には総合考慮となること、要考慮事項についても「等」という語を用いて限定しておらず、基準として明確性がないことなども指摘されていますが、ともあれ同判例の示した基準を用いて判断することとなります。

　本設問について検討するに、被撮影者の活動内容は「飲み会に参加している」「飲食している」というものであり、撮影の場所も飲食店であれば、いずれも他人の目に触れてもさほど支障を生じない事項でしょうから、撮影の態様として、特に隠し撮りをしたということもなければ、被撮影者の社会生活上の平穏を脅かす影響はそれほど大きくはないかもしれません。しかし他方で、飲み会を SNS にアップロードすることには、取材・報道のような公共目的はなく、また、あえて承諾をとらずに撮影・公表するべき必要性も乏しいといえます。基本的には、あえて承諾をとらないで撮影・公表することを正当化するだけの理由がないのであれば、無許可の撮影・公表は違法となり得ると考えるべきでしょう。

　ところで、SNS 上で最も多く見られる画像は食べ物の写真ではないかと思われます（統計を取ったわけではないですが）。例えば、旅行感を出すのに、土地の食べ物を撮影するなどという手法はよく使われますので、こういった手法を身につけておくと問題が生じにくいでしょう。人物の姿がなくともビールの画像を撮れば飲み会感が出るなど、様々な応用が効きます。ただし、その結果、SNS の投稿が食べ物画像ばかりになっているアカウントも散見されますが…。

Q41 そもそも、食べ物の写真には肖像権はないのですか。

A41　物に対しては、肖像権は生じませんし、著作権・所有権侵害なども生じません。ただし、「店内撮影不許可」と掲示されている場合などは、施設管理権との関係で問題となり得るので、撮影するべきではありません。

解説

　肖像権の定義は「容ぼう等をみだりに撮影・公表されないという人格的利益」ですから、物には肖像権はありません。

　著作権についても、通常の料理については「思想又は感情を創作的に表現したものであつて、文芸、学術、美術又は音楽の範囲に属するもの」（著作権法2条1項1号）とはいえません。創作的な美観を有する料理については別途の考慮を要しますが、現実的には著作物と認められる可能性は乏しいと思われます。

　なお、著作権切れの美術品の写真について、美術品の所有者である博物館が、所有権の一部としての使用収益権の侵害であるとして争った裁判例もありますが、所有者が、有体物を離れて無体物である美術の著作物（美術的価値）自体を排他的に支配し、使用収益を図ることができるわけではない（東京高判昭和57・11・29民集38巻1号24頁〔27200050〕）と判示されており、所有権の一部と構成することもできない旨示されています。同様の判決としては、大阪地判平成16・9・28平成16年（ワ）6772号裁判所HP〔28092492〕もあります。

　ただし、だからといって、およそ店内での料理の撮影が無制限に許可されるわけではありません。店内での撮影は業務の妨げとなり得るほか、客同士のトラブルの原因ともなるものですから、店舗の施設管理者において禁止することができます。店内に撮影禁止の掲示がある場合や、店員に注意された場合などは、撮影を中止するようにしましょう。

Q42 お祭りの写真を SNS にアップロードしたかったのですが、どうして
も周囲の人の顔がそれとわかるように写ってしまいます。顔にモザ
イクをかけたり、顔にスタンプを貼り付けて誰かわからなくしたり
すれば大丈夫でしょうか。

A42　　背景に写り込んだ人の顔でも、肖像権侵害に当たるおそれがありま
す。画像を加工して顔を隠すと、肖像権侵害のリスクが減少します
が、絶対に問題が生じないというわけではありません。

解説

(1) 背景に写り込んだ人の容ぼうについて

　お祭りなどの人が集まるイベントでは、周囲の観客が入り込まないように
写真を撮影するのは困難です。このような場合、全く写真を撮影・公表する
ことができないのでしょうか。

　前記の肖像権侵害の判断基準（前掲平成 17 年最判〔28102344〕）によれ
ば、撮影の場所も考慮事項とされます。通常、屋外の公共の場所にいる人
は、自己の容ぼうが他人の目に触れ得ることを黙認しているでしょうし、ま
してやお祭りというイベントの場所であれば、周囲で写真撮影がなされてい
ることも織込み済みでしょうから、特に特定人の容ぼうが強調された画像で
なければ、背景に観客の容ぼうが写り込んでいたとしても肖像権侵害とまで
はいえない可能性が高いでしょう。ただし、あえて観客の 1 人をフォーカス
して撮影していたり、又は被撮影者たる観客が公開を望まないであろう姿態
を撮影していたりしたものであれば、公表による肖像権侵害のリスクが高ま
ります。

　また、例えばお神輿を担いでいる参加者などについては、他人の目に触れ
ることを覚悟して参加していることは明らかですから、より容ぼう等が鮮明
に写った写真であったり、あるいはお神輿の担ぎ手としてフォーカスされて
いたりしても、肖像権侵害には当たらないでしょう。

（2）画像の加工、モザイク処理など

　画像を加工すれば肖像権侵害に当たらないのかという点については、明確な基準はありません。被撮影者の容ぼう等が全くわからないところまで加工すれば、肖像権侵害のリスクはほとんどないといえますが、顔にモザイクをかける、目線を入れる、顔の一部分に上から別の画像を載せるなどは、完全に容ぼうが隠れているわけではないため、肖像権の問題が残ります。

　最終的には、掲載の方法なども含めて、社会生活上の受忍限度の範囲内か否かを判断することになります。（1）のお祭りの観客であれば、顔がはっきりとわかる人にモザイク処理を施すなどすれば、ほぼ問題はなくなると思われます。ただし、他人のプライベートな姿態を撮影した写真であるとか、あるいは本文中で誰の写真であるかが示されている場合などは、単に顔を隠しただけでは肖像権侵害が生じるケースもあります。例えば、週刊誌に記事の本文とともに顔を白抜きした写真を掲載した事例（東京地判平成 20・6・24 平成 19 年（ワ）3842 号〔28265186〕）では、「原告の顔を白抜きして、その容ぼうを特定できないようにしているが、人は、自己の容ぼう、姿態をその意に反して撮影、公表されない人格的利益を有するというべきであるから、その被写体が誰であるかを読者が認識できる以上、その容ぼうの一部が特定できないというだけでは、肖像権を侵害しないということはできない」と判示して、被撮影者に対する肖像権侵害を認めています。

（4）著作権侵害

Q43 自分が好きなアニメのキャラクターがチョップしている画像に「なんでやねん！」という文字を貼り付けて、他の人がボケたときのツッコミ画像として使っています。こういう使い方はよく見る気がするのですが、著作権法上の問題はありますか。また、その絵に似せて自分で絵を描いたアニメキャラだとどうですか。

A43　いずれも著作権侵害に当たります。

解 説

　アニメやマンガの登場人物、いわゆるキャラクターそれ自体は、独立した著作物としては保護されません（最判平成 9・7・17 民集 51 巻 6 号 2714 頁〔28021330〕、いわゆるポパイ・ネクタイ事件）。しかし、アニメは「映画の著作物」に当たるところ、アニメの一場面を画像化し、これを切り取って借用することは、アニメという著作物の複製に当たります。

　著作者は、著作物を複製する権利を専有する（著作権法 21 条）ので、著作者の許諾を得ない複製は、原則として著作権（複製権）侵害に当たります。また、これを SNS にアップロードすることは、公衆送信権（同法 23 条）の侵害にも当たります。

　なお、複製について、例外としての私的使用のための複製（同法 30 条）についても一応検討の余地はありますが、これは家庭内において自分だけが楽しむために用いることを許す例外規定ですから、SNS 上でツッコミ画像として使用することは、インターネット上に複製物を掲載することになるため、私的使用には該当しないと考えられます。

　SNS 上では、マンガやアニメのキャラクターの画像が投稿されているものが散見されますが、これらは単に著作者が把握していないか、あるいはいちいち摘発することの手間を考えて事実上黙認されているにすぎないものであるため、弁護士のアカウントとしては使用を慎むべきでしょう。

　また、当該キャラクターを自分で描いた場合でも、元の画像に似せて描くこと自体が複製ですから、複製権侵害に当たります。

　なお、近年では、マンガの切り抜き画像を SNS に投稿するための公式機能も実装されはじめています（「少年ジャンプ+」（株式会社集英社が配信するアプリケーション及びウェブサイト）における「切り抜きジャンプ」機能など）。まだ切り抜き可能な作品は多くありませんが、今後はこうした公式の機能を利用するのがよいでしょう。

Q44 自分の好きな歌の 1 フレーズを投稿するのは、著作権侵害に当たりますか。

A44　　原則として著作権侵害に当たります。

解 説

　歌詞は、言語の著作物又は音楽の著作物として、著作権の対象となります。また、著作権は著作物の全体のみならず、著作物の一部にも及びます。

　そうすると、著作権切れしている昔の楽曲であるとか、引用の例外（著作権法 32 条）を満たす場合でない限り、歌詞をそのまま書いて SNS に投稿することは、著作物の複製権及び公衆送信権等の侵害に当たります。

　ただし、短い 1 フレーズの場合には、それが歌詞の一部かどうかという、著作物との同一性の問題が生じます。例えば「愛してる」という 1 フレーズは、単なる一般的な日本語ですので、これを何かの歌詞の一部として著作物としての保護を及ぼすのは相当ではありません。そのボーダーラインは必ずしも明確ではありませんが、「常識的にみてこれはこの歌の歌詞だよね」とわかる程度に長い文章を投稿すると、著作権上の問題が生じ得るでしょう。

　引用に関しては、歌詞をただ投稿するだけでは引用に当たる余地がありません。ただし、例えば X には 1 ポストごとに 140 文字という字数制限（無料ユーザーの場合）があるため、前後のポストにより歌詞の出典明記・批評・解説をするなどしていれば、引用の要件を満たす可能性はあります。そ

の場合には、複数のポストの関連性を示すために、リプライの形式にすることが望ましいと思われます。

　ただ、現状の SNS 上で投稿されている歌詞は、出典の記載がなく、ある程度の長さがあるものは、ほとんどが著作権侵害に当たるでしょう。

3	その他の投稿、SNS 独自機能の注意点

Q45 X で他人の投稿をリポストした場合、元の投稿に名誉毀損・プライ
バシー侵害等の問題があれば、リポストした者にも責任が及ぶので
しょうか。

A45　リポストした者にも責任が及ぶことがあります。

解 説

X において、他人の投稿をリポストすると、自分のフォロワーに対して
リポストした投稿を紹介することができます。リポストにはいくつかの方法
があり、リポストボタンを押して他人のポストをそのまま紹介する公式リポ
ストと、自分のポストの中に「RP……（文章のコピー）」などと他人の投稿
のリポストであることを示して引用する非公式リポストや、画像リポスト
（他人の投稿内容をスクリーンショットで保存した画像を添付して紹介する
こと）があります。また、元ポストがいかなる権利侵害かによっても考え方
が異なる可能性があるため、後記のとおり分類して検討します。

（1）名誉毀損のリポスト

まず、元のポストが名誉毀損である場合に、公式リポストをした者の名誉
毀損を認めた事例があります。この事案では、対象者が犯罪を犯したかのよ
うな事実が摘示された元ポストをリポストしたというもので、「リツイート
も、ツイートをそのまま自身の Twitter に掲載する点で、自身の発言と同様
に扱われるものであり、原告[1] の発言行為とみるべきである」（東京地判平
成 26・12・24 平成 24 年（ワ）28870 号等公刊物未登載〔29045213〕）と判示

1）リツイートした者

して、リツイート（リポスト）した者による名誉毀損の成立が認められました。

　本件事案の結論としては特に異論はないものの、リツイートが「自身の発言と同様に扱われる」という点には疑義もあります。名誉毀損的なツイート（ポスト）がある場合、それを拡散させるためにリツイートする場合もあれば、元ツイートの記載内容が虚偽であるなどの反論のための引用としてリツイートされる場合もあるはずです。

　この点で参考になるのが、何もコメントを付さないリツイート（単純リツイート）をした者の責任を判断した裁判例です（大阪高判令和 2・6・23 判タ 1495 号 127 頁〔28282334〕）。この事案では、元の投稿は、ある政治家に対する名誉毀損的な事実を摘示するものでした。裁判所は、いわゆる単純リツイートは、元の投稿の意味内容が変容したと解釈できる特段の事情がない限り、元の投稿の意味内容をそのまま自分のフォロワーに伝える行為であると判示し、何のコメントも付さない本件のリツイート主について不法行為責任を認めました。

　そもそも、リツイート（リポスト）は元の投稿の閲覧者を増やす行為ですから、基本的には権利侵害的な投稿をリツイートすることは好ましくありません（たとえば、実名報道されている事件に言及する際、あえて当該記事へのリンクを張らないというスタンスの弁護士もいるようです）。それでもあえてリツイートする場合には、自分が元の投稿をどのように解釈し、どう伝えたいかをある程度明確にしてコメントを付けるのが望ましいように思われます。

　なお、本件は公式リツイートによるものですが、非公式リツイートであっても特に異なるところはないと思われます。

（2）プライバシー侵害のリポスト

　リポストによるプライバシー侵害を認めた裁判例は発見できませんでしたが、次のように考えることができるのではないでしょうか。すなわち、プライバシー侵害は、情報の拡散それ自体によって権利侵害が生じ、また、その

損害が拡大していく性質のものですから、リポストによって情報を拡散する行為は独立したプライバシー侵害ということができます。なお、自分がリポストした時点で既に多数の者に情報が広まっていたような場合には、プライバシー侵害の要件である非公知性が否定されることも考えられます。しかし、その基準は明確とはいえません。プライバシー侵害の一般的な考え方では、いまだそれを知らない者に情報を拡散する行為であればプライバシー侵害といえますから、原則としてリポストはプライバシー侵害に当たるでしょう。ただし、例えば何千・何万というリポストが既になされていた場合には、もはや非公知ではなかったという評価もあり得ると思われます。また、多くの人が次々とリポストしている状況では、自分がリポストしなくても他の人によって拡散されるという意味で、損害との間の因果関係がないという立論もあり得るかもしれません。

　なお、プライバシー侵害についても、公式リポストと非公式リポストの差はなさそうです。

（3）著作権侵害のリポスト

　著作権侵害については、具体的な被侵害権利の内容と、当該 SNS の仕組みが問題となります。

　というのも、名誉毀損などであればおよそ情報を公開することで権利侵害に当たり得るため、リポストによって同内容の情報を拡散することには違法性が認められやすいといえます。しかし、著作権では、一口に著作権侵害といっても、著作権の内容のうちどの権利の侵害が問題となるのかが検討されなければなりませんし（しばしば同時に複数の権利が問題となります）、当該 SNS の仕組みとの関係でリポスト主による侵害といえるのかも検討されなければなりません。

　以下、裁判例で言及された主要な権利を挙げます。

ア　公衆送信権（著作権法 23 条 1 項）、複製権（著作権法 21 条）

　元の投稿が公衆送信権を侵害するものであった場合、これをリポストすることが別途リポスト主による公衆送信権侵害に当たり得るか、という問題が

あります。これについては、リツイート（リポスト）主は公衆送信の主体ではないとして、公衆送信権侵害を否定した裁判例があります（知財高判平成30・4・25 民集 74 巻 4 号 1480 頁〔28262181〕。後掲「裁判例紹介」**16**）。

　公衆送信の主体は誰かという問題については、物理的なデータの流れを基本とし、特段の事情があれば規範的解釈を加えて判断するというのが判例です（最判平成 23・1・18 民集 65 巻 1 号 121 頁〔28170099〕、最判平成 23・1・20 民集 65 巻 1 号 399 頁〔28170101〕）。本件では、リツイートの仕組みとして、元の画像データはあくまでリンク先（元ツイート）から送信されており、リツイート主はそのリンクデータをフォロワーに送信しているのみであることから、上記のような結論となりました。

　また、同判例では、同様の理由付けからリツイート主による複製権侵害も否定されています。

　ただし、リツイート主が公衆送信の主体でなくとも、元ツイートによる著作権侵害を幇助したという評価はあり得ます。上記裁判例の事案では否定されていますが、リポストの態様等により幇助とされる可能性は残されています。

イ　同一性保持権（著作権法 20 条 1 項）

　リポストによって、元の著作物が勝手に改変されるのではないか、という問題があります。これについては、リポスト主による同一性保持権侵害を認めた裁判例があります（前記知財高裁判決）。

　およそ X で画像付きの投稿をすると、元画像のサイズや縦横比、元画像と同時に投稿された画像の枚数やその順序等を踏まえて、X のプログラムが元画像の位置や大きさを自動的に変更して表示することがあります（これを「トリミング」といいます）。そして、トリミングにより、フォロワーのタイムライン上では、元画像が一部切り取られた形で表示されます（ただし、各フォロワーがトリミング表示されている画像をクリックすると、トリミングされる前の元画像を表示することもできます）。これはリポストに限った話ではなく、元ポストでも同様です。

　さらに、X の仕組み上、元画像はあくまで X のサーバー上に保存されて

おり、リポストのたびに元画像がトリミングされて表示されます（元ポストによってトリミングされた画像を転送しているのではなく、リポストごとにサーバーから元画像を呼び出している）。

　こうしたトリミングを伴うリポストによって、同一性保持権が侵害されているという判断がなされています。

ウ　氏名表示権（著作権法 19 条 1 項）

　著作者は、自分の著作物に自分で決めた氏名を表示することができます。リツイートによって、上記イで紹介した画像のトリミング表示が生じることにより、氏名表示権侵害を肯定した判例があります。先ほど紹介した知財高裁判決の上告審判決です（最判令和 2・7・21 民集 74 巻 4 号 1407 頁〔28282084〕。後掲「裁判例紹介」**14**。種々の争点のうち氏名表示権侵害のみが受理された）。

　本件画像の下部（左下）には、もともと著作権者の氏名が © マーク付きで表示されていました。しかし、リツイートによるトリミングが生じ、画像の上下が切り取られた形で表示されたため、下部の氏名表示部分が見えなくなった点が氏名表示権侵害であるとされました。

【元の画像（イメージ図）】

【本件元ツイート（イメージ図）】

鈴木一郎 @suzuki_ichiro515151
お客様のためにすてきな花束をご用意いたします。
ご応募は DM まで。
2024/4/11 08:12

なお、各フォロワーがトリミング画像をクリックすれば元画像を見ることもできますが、フォロワーが画像を通常クリックするといえるような事情も窺われないことから、氏名表示したとはいえないと判示されています（後掲の「裁判例紹介 14 16 参照」）。

Q46 X のリポスト以外はどうでしょうか。例えば、X の「いいね」機能、Facebook の「シェア」や「いいね！」機能などの場合は、それぞれ責任が及ぶことがあるのでしょうか。

A46　それぞれの機能ごとに分けて考える必要があります。

解説

まず、自分のフォロワーに当該記事を紹介することを目的とした機能は、X のリポストに準ずるものとして考えることができると思われます。Facebook のシェアは、まさに記事を友達に紹介するものなので、リポストと同様に考えることができるでしょう。

Facebook の「いいね！」は、基本的にはその投稿をした人に対し、投稿への賛意を示すリアクションであって、これを他人に広める機能ではありません。しかし、Facebook で「いいね！」を付けると、自分の友達のフィードに「○○さんがいいねをしました」という表示とともに、「いいね！」を付けた投稿が表示されることがあります。そうすると、「いいね！」はリポストと同様に考えるべきでしょうか。

この点について、Facebook における事例は見つかりませんでしたが、ミクシィ（Facebook と似た機能を持つ招待制の SNS）の「イイネ！」機能について責任を否定した裁判例（東京地判平成 26・3・20 平成 24 年（ワ）3861 号等公刊物未登載〔29026923〕）があります。Facebook についてもこれに準じて考えることができるのではないかと思われます。なお、判決文を引用すると、「ミクシィ上のイイネ機能は、ミクシィ上のつぶやきなどの発言に対して、賛同の意を示すものにとどまり、上記発言と同視することはで

きないから、仮に上記つぶやきなどが名誉を毀損するなどの内容であったとしても、このつぶやきに対して『イイネ！』のタグをクリックしたということをもって、いまだそのつぶやきなどの内容について不法行為責任を負うことはないというべきである」と判示されています。

　Ｘの「いいね」機能は、仕様変更があるため流動的ですが、2015 年の仕様変更により「いいね」を付けた投稿をフォロワーに紹介する機能が追加されました。その後、2024 年になって、「いいね」をつけた場合には、元の投稿者には、誰が「いいね」をつけたかどうかを知ることができるものの、当該ツイートをした以外のユーザーには、誰が「いいね」をしているのかが公開されなくなるという変更が加えられました。したがって、以下の記述は、現段階ではそのまま当てはまるものではなくなっていますが、Ｘの仕様変更によって「いいね」機能が元に戻されることがないとは言えず、なお参照される価値はあるものと考えます。

　もともと、「いいね」の使い方にはとくに決められたものはなく、気になった投稿を後で見返すために一時的に記録するために用いる場合もあれば、投稿内容に賛同するために「いいね」を押し、同時に、自分が賛同していることを元記事の投稿者や、自分のフォロワーに伝達する意味で用いている場合もあります。

　この点についての著名な裁判例に、国会議員であるアカウント保有者 Ｙが、ある人 Ｘ に対する侮辱的な表現（「枕営業の失敗」、「売名行為」など）を含む複数の投稿に、次々と「いいね」を押したことが、Ｘの名誉感情を違法に侵害するものに当たるとして損害賠償請求を認容した事例があります（東京高判令和 4・10・20 判タ 1151 号 138 頁〔28311486〕、最判令和 6・2・8 令和 5 年（オ）176 号公刊物未登載によって確定）[2]。この裁判例では、いいねをした投稿の数が 25 件と多数であったこと、もともと Ｙ が Ｘ に揶揄や批判をする投稿を繰り返していたこと、Ｙ のフォロワーが 11 万人であっ

2）東京新聞（令和 6 年 2 月 9 日）https://www.tokyo-np.co.jp/article/308408（最終閲覧 2024.9.20）

たこと、Y が国会議員であったことなどが不法行為を判断する要素として挙げられています。

　この判例からすれば、一般的な弁護士のアカウントが、違法性のあるポストに単純にいいねをつけただけでは、直ちに違法とまで判断されることはないと考えられます。しかし、法律のプロという弁護士の職業としての特性などを考えると、フォロワー数の多さや、日ごろの投稿の内容などと併せて、いいねが違法であると判断されることもあり得ると考えておくべきです。

　なお、自衛的手段として、「『いいね』は賛同の趣旨とはかぎりません」とbio や固定ツイに書いておくアカウントもあります。しかし、いいねが違法かどうかは、上記のような客観的な事情をもとに判断されるものと考えられますので、このような注記をしたとしても、責任が免除されるものではないと考えておくべきでしょう。

Q47 少年事件の犯人たちが実名で紹介されているまとめサイトがあったので、このサイトは少年法違反であるという本文とともに URL を貼り付けて投稿しました。この投稿自体が問題になることはあるでしょうか。

A47　　URL の貼り付けは、リンク先の記事についても投稿内容に取り込まれたものとして判断されます。特にプライバシー侵害は、記事に批判的な文脈であったとしても、情報の拡散自体が違法行為となるため、責任を負うリスクが高いと思われます。

解説

　少年事件における少年の実名等は、少年法 61 条により出版物への掲載が禁止されています。そうすると、これは公益目的として正当化することができませんから、プライバシー侵害に当たることになります。

　少年事件の判例ではありませんが、まず実名付きの判決文をインターネット上にアップロードし、別途インターネット上の掲示板に判決文へのリンク

を貼り付けて判決文を公開した行為について、「本件投稿は、本件投稿を見る者が本件リンクをクリックして別訴判決を読むことができ、それを想定したものであって、本件投稿者が意図的に本件投稿に別訴判決を取り込んでいると認めることができる」（東京地判平成 27・9・3 平成 27 年（ワ）6934 号公刊物未登載〔29013598〕）と判示した裁判例があり、リンク先の内容も含めて投稿として評価されることが判示されています。

　そうすると、少年事件の実名入りの記事への URL を貼り付けて投稿を行う行為は、その意図・目的はともかくとして、客観的には少年の実名を拡散してプライバシー侵害行為を助長しているため、プライバシー侵害に当たるとされるおそれが大きいでしょう。

Q48 X で面白い投稿を見つけました。投稿をスクリーンショット撮影して紹介したのですが、こういう紹介方法は問題ありますか。

A48　スクリーンショット画像による他人の投稿の紹介であっても、適法な「引用」の範囲内である限り、投稿者の著作権侵害には当たりません。

解 説

（1）　X 上の投稿は、X の利用規約上、投稿者に著作権等の権利が留保されており、併せて X Corp. にも非独占的な利用権が認められています。そうすると、公式リポスト／引用リポストなど、X の仕様に従って他人の投稿を紹介している限り、著作権侵害等の問題は生じません。

　しかし、他人の投稿を表示した画面をスクリーンショットし、このスクリーンショット画像を添付して他人の投稿を紹介すること（画像リポスト）は、X Corp. の仕様に従った紹介方法ではないため、著作権法上の疑義があります。

（2）　この点については、近時の裁判例（知財高判令和 4・11・2 令和 4 年（ネ）10044 号裁判所 HP〔28302606〕）が出ていますので、こちらを紹介し

ます。本件は、画像リツイートによって他人の投稿を紹介し、その投稿内容に対して批評を加えるという投稿（本件投稿）について、素直に見ると元の投稿者の複製権（著作権法 21 条）等の侵害が生じるため、著作権法で認められた「引用」（著作権法 32 条 1 項）に当たり得るかが争われました。特に、公式リツイートではなく画像リツイートによることが、引用要件の 1 つである「公正な慣行に合致する」（同項第 2 文）か否かが問題となりました。

　裁判所は、画像リツイートをするべき合理性として、「引用リツイートのみによったのでは、元のツイートが変更されたり削除された場合には、引用リツイートにおいて表示される内容も変更されたり削除されることから、読者をして、批評の妥当性を検討することができなくなるおそれがあるところ、スクリーンショットを添付することで、このような場合を回避することができる」と判示し、画像リツイートの利点を挙げた上でその合理性を認め、画像リツイートであっても公正な慣行に反するとはいえないと結論付けました。

　ただし、これはあくまで「批評」という引用の目的に照らして、当時の正確な投稿を保存することに合理性を認めたものです。「引用」はあくまで著作権保護に対する例外規定であり、「引用の目的上正当な範囲内」（同項第 2 文）であるか否かもしばしば争われますので、面白い投稿を拡散するという場合には、正当な目的が認められないおそれもあります。したがって、特に理由がない限り、基本的には公式機能を用いるのが無難といえます。

Q49 他人の投稿であることを示してコピペした場合（いわゆる非公式リポスト）はどうでしょうか。

A49　非公式リポストは、引用の要件を満たさない限り、利用者に対する著作権侵害に当たります。

解説

　X では、もともと引用リポストという機能がなく、1 つのポストの中に他

人の投稿を引用する公式の方法がなかったため、非公式リポストという方法が使われていました。

しかし、2015 年 4 月の X の仕様変更で、公式のインターフェースによる引用リポストが可

弁護士 甲野太郎 @konotaro_Lawyer
条文が間違っているのでは。不法行為は 709 でしょ。RT @housousibou
　民法 790 条の不法行為に当たります。
2017/12/24 14：08

能になりました。これにより、非公式リポストをする必要性はなくなったのですが、現在でもまれに非公式リポストを見かけます。

まず、X Corp. の著作権についてですが、非公式リポストは X 社の提供するインターフェース情報を複製しておらず、元ポストに含まれる文字情報のみを抽出しているので、X Corp. に対する著作権侵害には当たらないと考えられます。

しかし、文字情報のみであっても、元ポストの投稿者の著作権があります。これについては、前記のとおり X の公式のインターフェースによる共有については同意しているといえますが、公式インターフェースを利用していない非公式リポストについては同意していないため、著作権侵害に当たるおそれがあります。ただし、非公式リポストは、基本的には元の文章を引用したうえで自分の意見を述べているため、著作権侵害の例外としての引用の要件を満たす可能性があります。そこで、引用について検討します。

「公表された著作物は、引用して利用することができる」（著作権法 32 条 1 項）と規定されており、引用の要件を満たせば、著作権者の許諾を得ずに著作物を利用することができます。要件としてはいくつかありますが、ここで問題となるのは、出所の明示（同法 48 条）、明瞭区分性及び附従性です。後 2 者の要件は、明文の規定はありませんが、判例によって定立されています（最判昭和 55・3・28 民集 34 巻 3 号 244 頁〔27000177〕、いわゆるパロディ写真事件）。明瞭区分性とは、引用部分とそうでない部分との区別が明確に看取できることです。

非公式リポストでも、多くの場合は「RP」などの記号で引用部分とそう

でない部分を区切っているため、明瞭区分性が認められます。また、「@housousibou」などの記載により誰の投稿を引用しているかを示していれば、出所の明示も満たされ得るでしょう。

そこで問題になるのが附従性の要件です。引用部分の割合があまりに大きく、他方、自分の意見がほとんどないのであれば、実質的には単なるコピーにすぎません。引用が適法となるためには、あくまで自分の意見が主で、引用部分はそのための従たる部分でなければなりません。これは、分量のみで判断するわけではありませんが、分量も一要素となります。あくまで自分の意見を述べるのに必要な範囲で、最小限の引用を心掛けるべきでしょう。

以上のとおり、非公式リポストは、原則として著作権侵害に当たり得ますが、引用として適法となる余地が残されています。ただ、附従性などの問題をいちいち検討するのは大変ですし、引用に当たらない場合のリスクを負うことになるので、公式の引用リポストを使いましょう。

Q50 投稿の引用元を示さないコピペは、問題でしょうか。

A50　引用元を示さず自らが創作したもののように読み取れるコピペは、著作権侵害に当たるおそれがあります。

解説

まず、元のポストが創作性を備えており、著作物として保護されるかどうかが問題になります。ちょっとした一言のつぶやきには必ずしも創作性が認められるわけではありませんが、ある程度の長さで、投稿者の個性等が現れている創作的な文章であれば、著作物としての保護を受ける余地があります。

元ポストが著作物に当たる場合の帰結は Q49 で説明したとおりです。コピペ（コピー・アンド・ペーストの略。文章を切り貼りしただけのもの）投稿は原則として著作権侵害に当たるので、引用の要件を満たさない限り適法化されません。しかし、引用元を示さないいわゆるパクツイ（「パクリツイ

ート」あるいは「パクったツイート」の略と思われます）は「出所の明示」
要件を満たさないため、引用として適法化される余地はありません。

　パクツイは、元の投稿者に対する著作権侵害に当たるおそれがあります。
絶対にやめましょう。

Q51 私のポストがパクツイされて、パクツイの方がものすごいバズって
います。私がもらえるはずだったリポストやいいねを奪われた気が
するのですが、何か請求できないでしょうか。

A51　　著作権侵害であり、理論上は慰謝料請求等が可能とは思われます。
　　　ただし、単なるネット上の称賛のようなものは経済的価値がほとんど
　　　ないと考えられるため、訴訟をしてペイするような金額にはならない
　　　と思われます。

解説

　Q50 のとおり、パクツイは著作権侵害に当たります。そうすると、民法上
の不法行為として損害賠償請求をすることができると思われます。

　しかし、ポストそれ自体は経済的な利益を追求する行為ではないため、基
本的には純粋な慰謝料のみとなります。リポストやいいねをたくさんもらう
ことは、気分としてはよいものですが、経済的な価値までを認めるのは難し
そうです。

Q52 いわゆる下ネタの投稿は問題になりますか。また、特に脈絡なく
「おっぱい」「女子校のプールの水になりたい」などというポストを
することが問題になりますか。

A52　　下ネタは、特定人に対するセクハラのようなものであれば許されま
　　　せんが、単なる下品な投稿というレベルでは表現の自由の範囲内と考
　　　えられます。また、意味不明なポストは、それゆえに他者の権利侵害

とはならないと考えるべきでしょう。

解 説

（1）下ネタ

下ネタであっても、基本的には表現の自由の範囲内です。弁護士であっても、性的な話題に触れることは原則として自由です。X はフォローするアカウントを選ぶものであり、下品なポストをするアカウントを目にしたくなければフォローを解除したりミュート・ブロックしたりすることができますから、見る人にとっての環境型セクハラが生じるとも言い難いものです。ただし、「○○さんのおっぱいがエロい」など、特定人の身体的特徴に言及するような投稿になると、その対象者から了解を得ているなどの事情がない限り、名誉毀損やセクハラの問題が生じます。また、下ネタとなる表現活動は原則自由とはいえ、露骨に性的な内容を含む場合や、放送禁止用語に該当するような言葉を自身の投稿や会話の文脈とは無関係につぶやくことは、弁護士としての品位を損なうのではないかと指摘されるおそれがないとまではいえません。

（2）意味不明なつぶやき

ポスト上では、脈絡なくつぶやかれる意味不明な投稿が散見されますが、これらはそもそも意味不明であるがゆえに問題視されません。個別に見ていくと、例えば「おっぱい」というつぶやきは、身体の一部位を挙げているのみであり、一般の読者が普通の読み方をしたとしても、「おっぱい」がどうしたというのか、投稿者が何を言おうとしているのか把握できません。ただし、同じ身体の一部位といっても、例えば性器の俗称をつぶやくような場合は、自身のポストや会話の流れからみて相当かどうか、誰かに対する嫌がらせや加害の目的がないかなど総合的に考慮して、不適切な下ネタのつぶやきと評価されることがあり得ます。

そのほか、「プールの水になりたい」「にゃーん」などの唐突なつぶやきも、前者は願望の吐露のようではあるものの、そもそもどのような状態を指して

いるのか理解し難く、後者も単に猫の鳴き声をつぶやいているだけであるため、いずれも意味不明な投稿であり、無害なものというほかないでしょう。

Q53 「死刑反対」という自らの信条をツイートしたところ、「死刑制度を前提とした現行法の理念に反する投稿をした」「遵法精神のない弁護士」と言われました。まずかったでしょうか。

A53　現行法の死刑制度を前提に、それを廃止すべきであるという思想・信条の表明、政治的主張などは当然許されます。

解説

　弁護士を名乗って投稿する以上、法の理念に著しく反するような投稿は差し控えるべきであり、例えば違法行為を慫慂するような発言は、それ自体が他者に対する権利侵害とはならなくても「品位を失うべき非行」に該当するおそれがあります。

　しかし、本設問のような死刑制度は、現行憲法及びその通底にある人権思想に照らしても賛否両論があり得る制度であり、また、ヨーロッパを中心に諸外国が死刑制度を廃止している今日において、日本もまた死刑制度を廃止すべきだと主張すること自体は何ら問題ありません。

　その他、政治的言論として、「生活保護の基準を引き上げるべきだ」とか「不法滞在の外国人にも健康保険制度の加入を保障すべきである」といった主張は、現行法規に反する内容でもないため、ますます問題は生じません（これらを禁止する法律はなく、また、判例上も立法裁量の範囲内とされています）。

　ただし、さすがに「殺人を解禁するべきだ」といったような発言は、それが真摯な政治的主張であったとしても（むしろ、そうであればなおさら）弁護士としての品位を損なう言動として問題とされるおそれがあります。もちろん、弁護士が本気でそのようなことを考えてツイートするとは思われませんが、皮肉や逆説的な物言いのつもりで極端なことを投稿すると、その部分

だけがクローズアップされるおそれがあるため、その点は別途注意が必要になります。

　報道された事件や自らの見聞きした事件に関して、他の弁護士の業務に対して極端な批判をするものも見受けられます。十分な事実確認に基づいて適切に指摘・批評をしたり必要な批判をしたりするのであれば問題ありませんが、他の弁護士らの弁護活動や、刑事弁護などの制度に対する誤った認識や不信感を与えたり、各種の法制度について誤った認識を与えたりすることについては、弁護士のテレビ番組での発言についてなされた懲戒請求により品位を失うべき非行に該当すると判断されたものがあります（大阪弁護士会 2010 年 9 月 17 日処分）。

Q54 法的見解の表明をした場合、弁護士として責任を負いますか。

A54　　単なる意見表明について、法的責任を負うことはありません。

解説

　SNS 上では、ニュースなどを元にして、時事ネタに関する自己の意見が多く述べられています。

　そうした SNS 上で、弁護士が「この事件の被疑者は不起訴になるだろう」とか「不貞の慰謝料として一千万円までは認められない」などの法的見解を述べた場合、たとえ内容が間違っていても原則として責任を負うことはありません。これらは単なる一意見であって、個別のケースによっては別の意見もあり得ることは、一般の読者が普通の読み方をした場合には自明のことだからです。

　SNS 上であっても、特定人から具体的な法律相談を受け、弁護士がそれに対して法律相談として答える場合には、内容が間違っていれば相談者に対する弁護過誤に当たるおそれがあります（SNS で法律相談をされた場合の対応については、Q18 も参照）。

　ただし、SNS 上で意見を交換する際に、弁護士業務としての法律相談に

まで至ることはほとんどないでしょう。弁護士として責任を持って法律相談対応をするには、基本的には面談による十分な事案の聴き取りと、必要な資料の確認、そしてそれに対する対価が必要となります。また、通常は内密な話になるでしょうから、公開された SNS 上で十分な聴き取りができるとも思えません。もちろん、SNS 上でダイレクトメッセージ（DM）機能などを使えば、そうした本格的な法律相談に至ることがないとまではいえませんが、近くに住む方であれば SNS を契機として事務所面談を実施する方が多いでしょうし、逆に遠方の方であればその後の受任に至る可能性がないため相談自体を断ることになるでしょう。

　なお、法的な責任を負わないとしても、弁護士の肩書き付きであまりに突拍子もない見解を表明し続けていると弁護士としての評判が下がるので、ちょっと調べればわかることくらいは調べてから投稿した方がよいかもしれません。他の弁護士の業務に対する見解を述べる場合については、Q53 及び Q84 の解説も参照してください。

Q55 私の投稿に対し、明らかに内容を誤読したうえで私に突っかかってくるような失礼なリプライが来ました。いちいち説明するのも面倒なので「お前はほんとにバカだな」「素人はすっこんでろ」と返したのですが、まずかったでしょうか。

A55　暴言もすぎると侮辱として法的責任を負うおそれがあり、また、品位を失うべき非行にも当たり得るので、注意してください。

解説

　「バカ」などの暴言は、それ自体は相手の社会的評価を下げることのない主観的な意見の表明であるため、名誉毀損には当たりません（前述のとおり）。

　しかし、社会通念上許容される限度を超えて相手方の名誉感情を侵害する場合には、別途侮辱として不法行為が成立する余地があります。具体例とし

て、「白痴、ノイローゼ、乞食、詐欺師」（東京高判平成 16・8・30 判時
1879 号 62 頁〔28100351〕）、「きちがい女」（長野地上田支判平成 23・3・4
判タ 1360 号 179 頁〔28180162〕）などの発言が社会通念上許容される限度を
超えた侮辱行為として不法行為に当たると判示されています。ただし、単に
発言内容のみが問題とされたわけではなく、両者の関係をはじめとした発言
に至る状況や、発言の意図も含めて判断されています。例えば、人種差別的
な言辞を交えながら、「寄生虫、ゴキブリ、ヒトモドキ」などとブログに掲
載した事案では、「ブログ記事における表現の内容及びこれらが約 1 年間に
わたって同一のブログに順次掲載される形で積み重ねられていったという経
緯を考慮すると、前記各ブログ記事は、いずれも社会通念上許される限度を
超えた侮辱に当たる内容を含む」（大阪地判平成 29・11・16 平成 26 年（ワ）
7685 号公刊物未登載〔28260549〕）と判示されており、侮辱の認定に当たっ
ては単一の言葉だけではなく経緯が考慮されることが明示されています。

　そうすると、明らかに誤った内容で突っかかってくる失礼なリプライがあ
ったことを前提として、相手に対して「お前はほんとにバカだな」「素人は
すっこんでろ」と返したとしても、その一言をもって社会通念上許容される
限度を超えて侮辱に至るとまではいえないのではないかと考えます。

　とはいえ、第三者も見ている SNS 上では、あまり好ましい発言ではない
ので、できるだけ暴言は控えるようにしましょう。SNS では多くの場合、
機能として相手の発言をミュートし、又はブロック（フォロー解除）した
り、投稿を非公開に設定したりすることもできるので、そういった機能を活
用することも検討してください。

Q56 他人の投稿があまりにもひどい見解だったので、特にリポストやリ
プライなどの形式を採らずに「バカだなあ…」とだけ投稿しました。
いわゆるエアリプなのですが、問題はあるでしょうか。

A56　　閲覧者から見て、両者のつながりが明らかでなければ、名誉毀損、
侮辱等の問題は生じません。

解説

　文章の読み方としては、これまで述べたとおり、一般の読者が普通の読み方をした場合を基準とします。

　X は無料ユーザーの場合、1 投稿が短文であるため（最大 140 字）、特に断りがなくとも、同一人物がした連続のツイートを関連付けて読むことが普通に行われています。

　しかし、他人のツイートとの関連となると、X 上には無数のアカウントがありますので、何らかの周辺事情がない限り、「A の投稿を受けて、A に向けて B という投稿をした」というつながりを見出すことはできないでしょう。

　投稿のつながりについても、一般の読者が普通の読み方をした場合を基準とします。X は、日本語のアカウントに限っても膨大なアカウント数がありますし、利用者がどのアカウントをフォローしているかも千差万別ですから、A の投稿を受けて B の投稿をした、というつながりを見出すことは基本的にはできません。

　ただし、それまでレスバトル（互いの返信で口論が続くこと）をしていたような人が、ポツリと罵倒だけエアリプにしたような場合には、それを見ている人には対象者が特定できるのではないかと思われます。例えば、弁護士とマスコミ関係者がレスバトルを繰り広げた直後に、「やっぱりマスゴミはバカだな」などとリプライなどの形式を採らずに投稿するような場合は、レスバトルと罵倒ポストとの連続性、時間的接着性、及びその罵倒ツイートの内容などから、対象者が特定できるでしょう。その場合、Q55 と同様に侮辱の問題が生じるおそれがあります。

弁護士がSNSを業務の場面で活用する

1 | 弁護士が負う守秘義務について

Q57 弁護士職務基本規程 23 条に弁護士の守秘義務が定められています が、SNS の投稿をする際に、どのようなことに気をつけるべきです か。

A57 弁護士職務基本規程 23 条が弁護士の職務上の守秘義務について規 定しています。同規程は、依頼者の秘密を漏らすことを禁止していま す。依頼者の秘密を漏らすような投稿をしないように注意しなければ なりません。

解説

弁護士職務基本規程 23 条は「弁護士は、正当な理由なく、依頼者につい て職務上知り得た秘密を他に漏らし、又は利用してはならない」と規定して います。

この「秘密」の解釈については、一般に知られていない事実であって、秘 匿しておきたいと考える性質の事柄のことを指します。そして、秘匿してお きたいと考える性質を有するかどうかは、本人が特に秘匿しておきたいと考 える事項に限らず、一般人の立場からみて秘匿しておきたいと考える事項も 含むとされています[1]。このような秘密のことを実質秘といいます。

例えば、事件の中身に関する事実は秘匿しておきたい事項になりますし、 弁護士に相談に行った事実や依頼している事実も秘匿しておきたい事項とな ります。

また、受任事件と直接関係のない事項も、職務上知り得たのであれば秘密 として保護されます。依頼者が弁護士と信頼関係を築くために事件とは関係

---

1) 日本弁護士連合会弁護士倫理委員会編著『解説 弁護士職務基本規程〈第3版〉』日本弁護士 連合会（2017 年）55 頁

のない事項を打ち明けることもありますし、そもそも依頼者が事件との関係性を判断できずに、事件と関係するものとして弁護士に話をしている場合もあります。弁護士職務基本規程 23 条は、依頼者の利益を保護するための規程ですから、依頼者の信頼を傷つけないように、広く解釈すべきでしょう。

　そうすると、弁護士職務基本規程 23 条が保護する依頼者の秘密については、前記の実質秘のみでなく、依頼者や権限を有する監督機関が弁護士に対して秘密の取扱いとするように指定した事項（形式秘）も含まれる可能性があります。実質秘といえない事項であったとしても、依頼者から他言を禁じられた場合には、投稿すべきではないといえます。

Q58 弁護士法 23 条にも、弁護士の守秘義務の規定がありますが、弁護士職務基本規程と同じ内容と考えてよいですか。

A58　弁護士職務基本規程 23 条は依頼者の秘密に関する守秘義務の規程ですが、弁護士法 23 条は、条文上、依頼者の秘密に限定されていません。そのため、弁護士法 23 条は依頼者以外の秘密も広く保護していると考える説が有力です。

解 説

　弁護士法 23 条は「弁護士又は弁護士であつた者は、その職務上知り得た秘密を保持する権利を有し、義務を負う。但し、法律に別段の定めがある場合は、この限りでない」と規定しています。同条の記載は弁護士職務基本規程 23 条と異なり「依頼者の秘密」に限定する形になっていません。そのため弁護士法 23 条の「職務上知り得た秘密」に依頼者以外の秘密が含まれるかどうかについて、解釈が分かれています。

　見解としては、①依頼者の秘密に限定されない（非限定説）、②依頼者の秘密に限定する（限定説）があります。非限定説は、弁護士法 23 条が弁護士職務基本規程 23 条の記載と異なり、依頼者の秘密に限定していないこと、依頼者以外の者であっても弁護士であることを信頼して秘密を開示すること

があること、刑事訴訟法や民事訴訟法に規定する証言拒絶権や刑法の秘密漏示罪は依頼者の秘密に限定していないこと、を理由として、弁護士法 23 条で保護される秘密の対象として、依頼者以外の秘密も保護されるものであるとしています。

限定説は、守秘義務の本質は、依頼者の弁護士に対する信頼を保護することにあって、証言拒絶権や秘密漏示罪がプライバシーを保護することを目的としているのとは異質であること、第三者の秘密はプライバシーや秘密情報にかかる別の法理によって保護されるので、弁護士法 23 条は依頼者の秘密だけを対象とすれば足りることを理由とします。

依頼者以外の秘密の漏示の不法行為責任が問題となった裁判例がありますが、当該判例は限定説のアプローチからも説明ができるため、どちらの説によるものともいえません。具体的には、死亡事故の被害者の相続人が損害賠償請求を求める事件において、依頼者が被相続人の年収・職歴等を弁護士に伝え、弁護士が準備書面を作成していたところ、当該弁護士が解任された後に、依頼者を紹介してきた人物に対して当該準備書面を見せたことが守秘義務に違反するものとして不法行為に該当するとされました（大阪地判平成 21・12・4 判時 2105 号 44 頁〔28171621〕)[2]。

この問題について直接的に答えている法的判断は見当たりませんが、日弁連綱紀委員会は、「守秘義務の対象・範囲は、依頼者はもとより第三者の秘密やプライバシーにも及ぶことは当然とされている」（日弁連綱紀委平成 23 年 11 月 16 日議決例集 14 集 155 頁)[3] として、離婚事件の相手方の勤務先に、事件に関するメールを送信することが第三者の秘密を漏らすものであり、弁護士法 23 条違反に該当するとしています。日弁連綱紀委員会は非限定説を採っていると考えることができるため、弁護士としては非限定説に基づいて投稿をした方がよいでしょう。

もっとも、日弁連綱紀委員会は非限定説を採用していると考えられますが、その具体的な中身について述べているわけではありません。非限定説を

2）前掲日本弁護士連合会弁護士倫理委員会編著 60 頁
3）前掲日本弁護士連合会弁護士倫理委員会編著 59 頁

採ることにより、守秘義務の範囲は広くなりますが、そこには一定の制限がかかると考えるべきでしょう。なぜならば、守秘義務の範囲を無限定に広くしてしまうと、弁護士としての活動の範囲が狭まることになり、弁護士に対する不当な制限となってしまうからです。

　例えば、訴訟を提起することは、依頼者から聞いた相手方の秘密を公の場に漏らすことに他なりません。弁護士法 23 条で非限定説を採り、なおかつ一切の限定がないと考えるのであれば、訴訟提起は相手方の同意なくして行うことができなくなり、訴訟活動すら行えなくなります。

　ところで、弁護士法 23 条には、弁護士職務基本規程 23 条とは異なり、「正当な理由なく」という限定は付されていませんが、正当な理由がある場合には弁護士法上も漏示が許されると解釈すべきです[4]。

Q59 弁護士法 23 条が保護する第三者の秘密には、実質秘だけでなく形式秘も含まれるでしょうか。

A59　弁護士法 23 条が第三者の秘密を保護しているのは、第三者のプライバシー保護が目的であるので、実質秘のみが対象と考えればよいでしょう。

解説

　弁護士法 23 条の解説には、対象とする第三者の秘密を実質秘に限られるか否かの記載は見当たりませんでしたが、参考として、国家公務員の守秘義務について規定した国家公務員法 100 条 1 項の「秘密」の範囲を実質秘に限ったものとする判例があります。この判例では、同条同項の「秘密」の意義について、非公知の事実であって、実質的にもそれを秘密として保護するに値すると認められるものをいい、国家機関が単にある事項につき形式的に秘扱の指定をしただけでは足りない（最決昭和 52・12・19 刑集 31 巻 7 号

4）日本弁護士連合会調査室編著『条解弁護士法〈第 5 版〉』弘文堂（2019 年）169 頁

1053 頁〔21060361〕）と判示しています。

　この国家公務員法 100 条 1 項の「秘密」も、弁護士法 23 条の第三者の秘密も、機密保持やプライバシー保護の観点から漏らしてはならない事項を漏らすことを禁じているのであって、両者には秘密として保護に値するものだけを保護するという視点が共通していると考えられます。そうすると、弁護士法 23 条についても、依頼者の信頼が問題にならない第三者の秘密については、実質的に保護に値する秘密のみが保護されるものと解釈することができるでしょう。

Q60 どのような理由があれば、秘密を漏示しても弁護士法 23 条に違反しないのでしょうか。

A60　①依頼者の権利の行使のため、②基本的人権を擁護し社会正義を実現するため、③弁護士の自己防衛のため、などの理由がある場合に、必要な範囲で秘密を漏示することは、正当な理由があるとして許されるでしょう。

解説

　弁護士法 23 条の秘密の保示については、過去の依頼者の秘密の漏示について弁護士法 23 条に反するかどうか問題となった裁判例があります。この判決では、弁護士法 23 条に違反するかどうかについて次のとおり判示されています。「弁護士が秘密保持義務に違反するためには、職務上知りえた秘密があること、その秘密を正当な事由がないのに未だ知らない第三者に知らしめることの 2 要件を必要とし、その要件の有無は一般的、抽象的に判断できるものではなく、個別的、具体的に判断すべき性質のものである」（仙台高判昭和 46・2・4 判時 630 号 69 頁〔27422367〕）。

　また、弁護士職務基本規程 23 条では、正当な理由がある場合には秘密の漏示が許され得ることが明示されていますので、弁護士職務基本規程の解説を参考に、弁護士法 23 条が許容する正当な理由を判断すべきでしょう。具

体的には、次のようなものが考えられます。

　①依頼者の権利の行使のために必要な範囲で秘密を漏示すること（ただ
　　し、利益相反行為になる場合には、そちらの規定の制限を受ける）

　依頼者の権利行使のために相手方の秘密を記載した訴状・準備書面を裁判
所に提出することは、弁護士法が想定しているそもそもの弁護士の職務の根
幹であり、これが許されない道理はなく、当然に許されます。もっとも、い
かなる方法によっても許されるものではなく、訴訟提起自体に理由がなく不
法行為を構成する場合や、依頼者の権利行使に不必要な事実まで記載した場
合には、弁護士法 23 条違反になると考えられます。

　②基本的人権を擁護し社会正義を実現するための活動や公共の利益の実現
　　に必要な範囲で秘密を漏示すること

　弁護士法 1 条は「弁護士は、基本的人権を擁護し、社会正義を実現するこ
とを使命とする」と弁護士の存在意義について掲げています。弁護士には依
頼者の利益の擁護だけでなく、公共的な役割があるため、公共の利益を図る
ために守秘義務が解除される場合があると考えてよいでしょう。

　③弁護士の自己防衛の必要がある場合

　依頼事件に関連して弁護士自身が民事、刑事等の係争の当事者となり、あ
るいは懲戒手続にかかった場合には、自己の主張・立証のために必要な限度
で依頼者等の秘密の開示は許されると考えられます[5]。

･･･
Q61 弁護士が公開の SNS で、受任中の事件を推測されるような投稿をす
　　　 るのは避けた方がよいでしょうか。
･･･

A61　　基本的に、避けた方がよいです。リアルタイムな活動を公開するこ
　　　　 とには様々な弊害がありますので、慎重に吟味してください。

5）日本弁護士連合会弁護士倫理に関する委員会編『注釈弁護士倫理〔補訂版〕（全弁協叢書）』
　　有斐閣（1996 年）91 頁

解　説

SNSでの投稿は、ビラを作って公共の場所に貼り、さらに知り合いの家にポスティングするようなものと考えて、書く内容を吟味した方がよいものです。特に、業務に関係する投稿をするときは慎重に考えましょ

若手弁護士 @tokushima47law

この時間まで事務所で急ぎの破産申立準備。まさか、子どものころから行ってた地元の老舗をたたむ仕事をするとは思わなかったな…

2024/3/5 01：45

う。投稿に記載された場所や時間によっては、受任中の事件の内容やその進行が推測されることもあり得ます。もちろん、すべてが直ちに守秘義務違反になるわけではありませんが、依頼者がたまたま投稿を目にした場合には不安に思うでしょうし、弁護士への信頼感を失うかもしれません。また、例えばニュースになっている大きな事件などに関わっていることをうかがわせる投稿をしたくなるかもしれません。しかし、そのような投稿は、言及された事件の関係者に不信感を抱かせることもありますし、別件の依頼者にも「自分の事件についても投稿されてしまうのではないか」という不安を与える可能性があります。他にも、例えばDVやストーカーなどの加害者が、弁護士が出張中であることを投稿内容を通じて知れば、弁護士の対応が遅れるのではないかと推測し、依頼者に攻撃するようなおそれはないでしょうか。

このようなおそれへの対策として、予約投稿機能を使って投稿のタイミングをずらしたり、いまいる場所をわからないように投稿したりすることも考えられます。しかし、場所やタイミングをぼかしたとしても、そのような投稿をすることによって、無関係な事件の関係者や依頼者からその弁護士の情報管理について不安がられることには変わりありませんから、投稿の内容には注意を払っておきたいところです。

前記の投稿の例では、破産申立の事実は官報や信用情報サイトで公表されており、アカウント名に地域名を含むために、事件を特定される可能性があります。

2 ｜ 刑事事件に関する投稿

（1）進行中の事件について

Q62 「A さんと〇〇警察で接見」「〇〇警察なう」「準抗告通った！」と投稿することは被疑者被告人との関係で問題ないですか。

A62　「A さん」という依頼者の名前を出して事件についてつぶやくことは、守秘義務違反となります。しかし、実名の記載がなく、その他の事情からも事件が特定されない限りは、守秘義務違反とはならず、被疑者被告人等の刑事事件の依頼者との関係で問題になることはありません。

解説

　X 等の気軽な投稿を行う SNS において、警察署へ接見に行ったことや、業務の成果である勾留準抗告申立の認容について、つい投稿したくなることはあり得ます。しかし、これらの投稿は受任中の事件に関連して行われるものであるため、弁護士の守秘義務に注意する必要があります。

　ここで、正当な理由なく実名を挙げて依頼者の秘密を投稿することが守秘義務違反に当たることは、異論がないと思いますが、実名でない場合に守秘義務違反に当たるのでしょうか。これについては、依頼者についての秘密の漏示に該当する要件として、投稿から依頼者の特定が可能であることが必要と考えます。その理由は、受任中の事件に関する秘密の漏示に関連する規定として、弁護士の業務広告に関する規程 4 条 3 号が存在するからです。同条同号は受任中の事件について、広告に用いてはならないとしつつ、ただし書きで「依頼者の書面による同意がある場合及び依頼者が特定されず、かつ、依頼者の利益を損なうおそれがない場合を除く」としています。すなわち、依頼者の書面による同意がない場合であっても、依頼者が特定されずかつ依

頼者の利益を損なうおそれがない場合には、受任中の事件について広告の内容に用いてよいと考えられます。

弁護士職務基本規程23条及び弁護士法23条も、弁護士の業務広告に関する規程4条も、弁護士に対する規制として現在も生きているものであるので、互いに矛盾するものではありません。つまり、弁護士の業務広告に関する規程4条3号に違反しない形、依頼者が特定されずかつ依頼者の利益を損なうおそれがない場合には、職務上得た秘密についても発信することが許されると解してよいでしょう。

「Aさんと○○警察で接見」という投稿は、Aさんが警察署に留置されていることを意味するものです。警察署に逮捕勾留されているという事実は、秘匿しておきたい事実であることは明らかであるため、報道されていない被疑者被告人である場合には、当該投稿は秘密の漏示に該当するでしょう。一方で、既に報道されている被疑者被告人についてどのように考えるかについては、連日連夜報道されている場合には、当該被疑者が警察署に留置されている事実は、既に一般に知られている事実といえるため、秘密には該当しないでしょう。しかし、留置が継続しているという事実については秘匿しておきたい事実ですから、このような投稿から、現在もAさんの留置が継続していることがうかがわれるため、秘密を漏示したものとして、弁護士職務基本規程23条及び弁護士法23条に反することになります。

では、「○○警察なう」という投稿はどうでしょう。その警察署に接見に来ていることは推察されますが、どの被疑者被告人の件で接見に来ているかも不明です。また、そもそも弁護士のプライベート上の投稿との区別もつきません。したがって、事件が特定されるような特段の事情のない限り「秘密」の漏示には当たらず弁護士職務基本規程23条及び弁護士法23条に反することはありません。

「準抗告通った！」という投稿は、依頼者にとって準抗告の前提となる勾留されていたことは他人に知られたくはない事実ではありますが、被疑者の名前は記載されておらず、依頼者を特定する投稿には該当しません。したがって、このような投稿も「秘密」の漏示には当たらず弁護士職務基本規程

23 条及び弁護士法 23 条に反することはありません。

　また、弁護士職務基本規程 23 条や弁護士法 23 条に反する場合には、弁護人と被疑者被告人との民事上の委任契約に基づいて、弁護人が負っている善管注意義務に違反しているとも考えられます。弁護士委任契約において、明文で守秘義務の範囲を明確にしていない場合も多いと思われますが、弁護士法・弁護士職務基本規程において弁護士が依頼者との関係で守らなければならない義務については、委任契約上の弁護士が負う善管注意義務の内容に含まれると考えられます。そうすると、守秘義務に違反するときは、民事上の委任契約について債務不履行が認められ、損害賠償請求される可能性もあるでしょう。

Q63 「A さんと〇〇警察で接見」「〇〇警察なう」「準抗告通った！」と投稿することは被害者などの事件関係者との関係で問題ないですか。

A63　　被害者などの事件関係者との関係では、弁護士法 56 条、弁護士職務基本規程 6 条に留意する必要があります。

解 説

　依頼者との関係で問題がないとしても、その他の事件関係者との関係では問題になり得る場合もあります。例えば、弁護士法 56 条「所属弁護士会の秩序又は信用を害し、その他職務の内外を問わずその品位を失うべき非行があつたときは、懲戒を受ける」とし、弁護士職務基本規程 6 条は、弁護士は「常に品位を高めるように努める」としています。これらの品位を欠くような投稿に該当しないかどうかは、気にした方がよいかもしれません。

　品位とは、道徳的側面からみた人に備わっている人格的価値のことをいいます。弁護士が、高度の専門的な職務を取り扱うものとして信頼を受け続けるためには、法律知識と法律事務に精通しているだけで足りるというものではなく、人間的にも国民からの信用を受けるに足る高潔な人格であるよう、常に努力を怠らないことが求められているのです。弁護士職務基本規程 6 条

は努力規定であるため弁護士職務基本規程6条違反は想定し難いものとなっています。そこで、弁護士法56条に違反するかどうかが検討されるべき問題ということになります。

弁護士の行うSNSへの投稿について当該規定に反するかどうかは2つの観点から判断されることになります。1点目は、投稿内容自体によって当該規定に反するかどうかです。投稿内容に書かれた事実が適法な職務行為なのであれば、そのことについて投稿することも、投稿内容自体を理由として品位が問題になることは少ないでしょう。

接見に行っている旨の投稿、刑事の勾留事件の準抗告が通った旨の投稿は、弁護士が通常行う業務について記載したにすぎません。当該職務は品位が問題になり得るものではありませんから、投稿内容という観点からは弁護士法56条に反することにはなりません。

続いて2点目として、記載の表現方法が品位を失うべき非行といえるかどうか。ここで検討しなければならないのは、品位が問題となる表現とは何かということになります。弁護士が行う職務において、勝訴を導けば相手方は敗訴をするわけであり、無罪に導けば被告人の有罪を望んでいた被害者にとっては残念な結果となります。依頼者以外の事件関係者がいる以上、弁護士の職務について不満を持つ人が存在することになります。不満を持っている人から見ると、「準抗告が通りました」という表現よりも「準抗告通った！」という表現の方が品位を欠くように映るでしょう。一方で、弁護士も表現の自由が保障されている国民であり、自分の行った職務についても自由な表現で投稿することも許されるべきです。人間的にも国民からの信用を受けるに足る高潔な人格であるように求められているといっても、人間の価値観は多種多様であり、弁護士もその多種多様な国民の依頼を受けるものです。その多種多様な国民すべての信用を受ける高潔な人格とはフィクションに他ならないでしょう。そうすると、弁護士法56条の品位が問題となるのは、投稿における表現が侮辱や名誉毀損となるなど不法行為を構成するような投稿の場合であると考えてよいでしょう。

前記投稿は、「○○警察なう」という投稿も「準抗告通った！」という投

稿も、フランクな表現ではありますが、第三者の名誉を害する表現ではなく、その他不法行為を構成する要素もありません。したがって、品位が問題になるような投稿には該当せず、弁護士法56条に反することはないでしょう。ただし、懲戒事由にならないといっても、過激な発言はトラブルの元ですから、表現方法に配慮してSNSを楽しむことをお勧めします。

Q64 「被疑者が担当刑事の○○に殴られた」と実名を出して投稿することは問題ないでしょうか。

A64　被疑者を殴った刑事の実名を出して投稿することは、他人の秘密の漏示に該当するため、Q58・60で述べたとおり、正当な理由がない場合には弁護士法23条の守秘義務に違反する可能性があります。仮に、正当な理由があると自身で考える場合であっても、これが認められない可能性についても留意して、実名を投稿するかについて十分に検討したうえで投稿の表現については配慮をした方がよいでしょう。

解説

　担当する被疑者に対して不当なことが行われた場合に、怒りのままにその事実を投稿したくなったことがある弁護士もいると思います。刑事弁護に熱心な弁護士が不正義と戦ってきた結果が、現在の弁護人の権利の拡充につながっているため、弁護人として不正義と戦うことは必要な職務といえるでしょう。ただ、その戦いをSNS上で行う場合に注意すべき点がないかについて、今回は検討したいと思います。

　設問のような事例について、被疑者の同意を得ていれば、被疑者との関係で守秘義務違反は問題になりませんし、同意を得ていない場合であっても、依頼者が特定されずかつ依頼者の利益を損なうおそれがないように注意して投稿すれば、弁護士法23条及び弁護士職務基本規程23条に反することはありません。もっとも、このような問題行動を投稿するのは、問題行動の是正を目的としているのでしょうから、是正を求めていくことにより社会的な耳

目を集め、問題が大きくなっていく可能性があります。結果的に、依頼者である被疑者の刑事事件が世間の耳目を集めることによって、被疑者の犯罪事実が世間に知れ渡るという不利益を伴う可能性があります。したがって、念のためあらかじめ被疑者の同意を得ておくべきでしょう。

　被疑者に対する守秘義務については、前記の点に注意すればよいのですが、担当刑事を実名で投稿した場合、実名で投稿された担当刑事との関係でプライバシーの侵害、ひいては守秘義務違反にならないか注意する必要があります。依頼者以外の第三者の秘密も弁護士法23条の守秘義務の対象であることは、Q58で説明しました。

　担当刑事の問題行動自体をSNSに投稿することと、その担当刑事の実名を投稿することには別の配慮が必要でしょう。問題行動自体をSNSに投稿することは、公務員の違法行為について広く問題提起をし、さらなる違法行為を抑止するなどの正当な理由が認められる可能性は高いでしょう。

　もっとも、担当刑事の実名までSNSに投稿することは注意が必要です。そもそも、担当刑事が問題行動を行ったのであれば、当該警察署や検察庁へ抗議を行うのが最も直接的な手段です。また、広く問題提起をしたりさらなる違法行為を抑止したりするために実名まで投稿する必要性は通常認められないでしょう。

　したがって、原則的には実名を記載した抗議文を警察等へ提出したうえで、SNSへ投稿する際には、個人が特定しにくいよう抽象化すべきでしょう。

Q65 自身が担当する事件について、公判廷での被告人や証人の行動について投稿してもよいですか。

A65　公判廷は公開されていますが、被告人や証人の行動秘密に該当します。したがって、投稿する際には、被告人や証人を特定できないように注意する必要があります。

解説

　SNS の投稿を見ていると、自身が担当する事件について、公判廷での出来事を投稿している弁護士が多いように思います。よく行われている公判廷に関する投稿について注意すべき点がないか解説をしたいと思います。

　公判廷は公開されているため、公判廷での出来事は弁護士職務基本規程23 条、弁護士法 23 条の「秘密」に当たらないのではないかが問題になります。この点については、裁判記録中に含まれる事実は、秘密性が喪失しているかのように思えますが、いまだ社会一般に確認されていないようなことについて広く拡散することは、依頼者の信頼を損なうものであり、また第三者のプライバシーを侵害するものといえるため、公判廷での出来事だからといって直ちに「秘密」に該当しなくなるわけではありません。被告人や証人などの事件関係者に関する秘密で、公判廷において明らかにされた事実であっても、報道などによって広く一般に知られることになった事実以外については、弁護士法 23 条及び弁護士職務基本規程 23 条の「秘密」に該当するというべきでしょう。

　したがって、Q58 で述べるとおり、依頼者以外の秘密についても守秘義務を負うとする非限定説に立つと、被告人のみではなく、証人などの事件関係者に関する秘密を正当な理由なく漏らすことは、弁護士法 23 条に違反することになります。そのため、公判廷での被告人や証人の行為について投稿する場合には、投稿しようとする事実が、本人が特に秘匿しておきたいと考える事項に限らず、一般人の立場からみて秘匿しておきたいと考える事項に該当しないか検討し、また被告人や証人を特定できないように注意を払うべきでしょう。なお、依頼を受けていない事件について、単なる傍聴人として見たことを投稿するときは、品位の問題は別として、守秘義務の問題は生じません（Q87 参照）。

Q66 公判廷での検察官・裁判官の行動について、投稿してもいいですか。

A66 公判廷での検察官・裁判官の行動は第三者の秘密に該当するようにも思えますが、公務員の職務行為についてはプライバシーで保護されないため、これを投稿したとしても弁護士法23条の守秘義務違反には当たらないでしょう。もっとも、当該職務を行った公務員が誰であるか、当該公務員の個人情報に関わる事項などについて投稿することは控えた方がよいでしょう。

解説

次に、被告人や証人とは異なる、裁判に関わっている公務員、すなわち裁判官・裁判所書記官・検察官の行動についても、被告人や証人と同様に守秘義務の対象になるのか、それとも別に考えることができるのかが問題になります。弁護士法23条において、依頼者との関係での守秘義務は依頼者との信頼関係の保持を大きな目的としており、依頼者以外の者との関係での守秘義務は、その者のプライバシー保護が大きな目的となっています。そうすると、公務員に関する行状がプライバシー権の保護の対象でない場合には、弁護士法23条においても保護する必要はなく、「秘密」と考える必要はないと思われます。

プライバシー侵害が不法行為を構成する要件は、詳細はQ37で述べたとおり、

① 私生活上の事実等のプライバシーに関する事実が公開されたこと

 a 私生活上の事実又は私生活上の事実らしく受け取られるおそれのある事柄であること（私事性）

 b 一般人の感受性を基準にして当該私人の立場に立った場合、公開を欲しないであろうと認められる事柄であること（秘匿性＝実質秘）

 c 一般の人々にいまだ知られていない事柄であること（非公知性）

 d このような公開によって当該私人が実際に不快、不安の念を覚えた

こと

②　公開行為の違法性

③　責任原因（故意又は過失）

とされています。

　プライバシー侵害の対象は私生活上の事実であるため、公務員が公判廷で行った職務上の行為については、プライバシーの対象ではありません。また、公判廷における職務上の行為は、公開をしない合理的な理由もないことから、実質秘にも該当しないでしょう。公開された法廷において行われた公務員が行った行為については、そもそも憲法 37 条 1 項が公開裁判を受ける権利を保障していることからも、その職務の適法性が広く国民の間で吟味されるべきものであって、当該公務員もそのことを理解したうえで行動しているはずです。したがって、公判廷における検察官・裁判官の職務上の行為はプライバシーとして保護に値するものではなく、「秘密」に該当しないといえるでしょう。

　もっとも、公判廷においても、私的な言動が全くなされないとも限りません。そのような事項については、プライバシーの対象となり得ると考えられるため、投稿は控えるべきでしょう。

　また、職務上の行為であったとしても、当該公務員の氏名についてまで投稿してよいかは別途注意が必要でしょう。この点については Q64 を参照してください。

Q67 裁判所や警察、法テラス等に対する組織批判を SNS に投稿してもよいでしょうか。

A67　組織批判は、原則として、正当な言論行為として許されます。

解説

　ある組織を外部から批判することは、まさに意見・論評であり、名誉毀損等の問題は生じません。特に、裁判所や警察・検察などの組織の問題点は、

日常的にこれらと接する機会の多い弁護士でなければ気づかない点も多いでしょうから、問題点を指摘して改善の世論を巻き起こすことは有益とすらいえる場合もあるでしょう。近年は、法テラスの審査運用や支払われる報酬額の適正さなどについて問題提起するポストをよく見かけます。

　ただし、意見や論評の範囲を超えたり、事実誤認を広めたりすることのないように注意すべきです。例えばある弁護士が「警察では、ほとんどのケースで内容虚偽の調書が作られる」という印象を持ったとしても、何の留保もなくこのままの文章を投稿すると、根拠に乏しいデマの流布になりかねません。「自分の担当した事件では」などの留保を付けると、誤解が生じにくくはなりますが、他方、自分の担当事件について投稿することはその内容によっては守秘義務の問題も生じるため、その点も注意してください。

　また、裁判所や法テラスの組織運営に問題があるとしても、「当地の裁判所ではこんな運用がまかり通っている。この悪しき運用を改めさせるために、みんなで最高裁に苦情を入れよう」、「みんなで法テラスとの契約を解除しよう」などと呼びかけると、裁判所や法テラスに対する業務妨害（の煽動）に当たるおそれがありますので留意しておく必要があるでしょう。

（2）終了した事件について

Q68 終了した刑事事件について、その成果を投稿してもよいですか。

A68　弁護士法 23 条の「職務上知り得た秘密」を保持する義務は事件が終了しても失われません。守秘義務違反にならないように注意して投稿する必要があります。

解説

　成果を投稿する目的には、①広告宣伝のため、②弁護士間で経験を共有するため、などが考えられます。特に後者については、弁護士の研鑽に役立つものであり、他の弁護士の事件についての報告を見ることが、SNS を利用する利点の 1 つにもなっているところです。

　弁護士法 23 条は「職務上知り得た秘密」と記載するのみであって、進行中の事件に限定していませんので、弁護士は、終了した事件についても、当然に守秘義務を負うことになります。

　進行中の事件についての投稿と弁護士の業務広告に関する規程との関係は、Q62 で解説しましたが、進行中の事件と異なり、終了した事件については、弁護士の業務広告に関する規程上の要件が少し緩やかになっています。具体的には、広く一般に知られている事件については、依頼者が特定される場合であっても、依頼者の利益を損なうおそれがない場合には広告として利用することができることになっています。業務広告に関する指針によると、広く一般に知られている事件とは、既に判例集、新聞、雑誌等で広く公表されている事件のことを指すとされています。例えば、新聞報道されている無罪事件を担当していた事実などは、これが知られても依頼者の利益を損なうおそれはないでしょうから、広告として利用することができるでしょう。同様にそのような投稿は、弁護士法 23 条及び弁護士職務基本規程 23 条に反することはないでしょう。

　一方で、弁護士の業務広告に関する規程においては、4 条 1 号で勝訴率に

ついて記載する広告が禁止されています。勝訴率という形で記載しない形であっても、過去の刑事事件の裁判の事件名と結果を羅列して書く場合などには、勝訴率が推知される広告となるため、同規程に反する可能性があります。したがって、過去の事件について投稿する場合には、事件ごとに投稿を分けて行った方がよいでしょう。

Q69 無罪判決を取れたので、SNS 上に無罪判決を取れた理由について投稿してもよいですか。

A69　広く一般に知られている事件又は依頼者が特定されない形で、依頼者の利益を損なわない投稿として行われるのであれば許されますが、無罪事件については、事件の詳細を書かざるを得ないことが多いため、依頼者の利益を損なわないという点を満たすかどうかについて注意が必要です。また、第三者の秘密にも注意が必要です。

解説

　まず、依頼者との関係ですが、無罪を取れた事件を受任していたことについて記載することが許される場合があるのは、Q68 のとおりです。無罪判決を取れた理由の記載については、その中身によっては、深く被告人のプライバシーに踏み込まなければいけないこともあるため、依頼者の利益を損なわないように注意する必要があるでしょう。

　第三者との関係ですが、Q58 で解説したとおり、弁護士法 23 条の守秘義務の対象は依頼者に限定されない非限定説が有力であるため、第三者の秘密についても配慮する必要がありそうです。依頼者の同意があるときに、第三者の名前を匿名にして投稿することも考えられますが、無罪事件は社会の耳目を集めているため、当該投稿を読んだ人にとって、容易にその登場人物が誰であるか推知することが可能な場合も考えられます。強盗殺人等をしたとして起訴された少年について、出版社が仮名を用いたうえで、犯行の詳細な様子や、経歴、交友関係、法廷での様子などを雑誌に掲載したことのプライ

バシー侵害該当性が問題となった長良川事件（最判平成 15・3・14 民集 57 巻 3 号 229 頁〔28080936〕）では、「対象者と面識があり、又は犯人情報あるいは対象者の履歴情報を知る者は、その知識を手がかりに本件記事が対象者に関する記事であると推知することが可能」と判示し、読者の中にそういう者が存在した可能性を否定できないことを理由としてプライバシー侵害を認めています。つまり、推知が可能な場合には、当該人物の秘密を漏洩したことになってしまいます。同判決はまた、プライバシー侵害が不法行為となるのは、その事実を公表されない法的利益とこれを公表する理由とを比較考量し、前者が後者に優越する場合には不法行為になるとしています。

　したがって、まずは公開する情報の中身について、特定の人物のプライバシーであることが推知できないように注意すべきであり、推知が不可避である場合には投稿を断念するか、公表する利益がプライバシー保護の利益を上回るかどうか検討しなければなりません。

　利益の比較衡量については、例えば、無罪となった依頼者の利益を守るために、依頼者の希望に沿って詳細に事件の内容を投稿することは、依頼者の名誉の回復のために必要な措置であるため、無罪判決の理由に影響する第三者のプライバシーに関する事実を公表することは許されるでしょう。

　それでは、依頼者の利益を目的としない、弁護士同士の研鑽のために、SNS 上のグループに投稿することは、第三者のプライバシーとの関係でどうでしょうか。刑事裁判の一翼を担う刑事弁護人に必要な研鑽に資することも、裁判が公開されていることの効能の 1 つともいえること、公開される範囲が限られ不必要な拡散がされる可能性が低いことを考慮すると、弁護士同士のみが集まるグループにおいて、研鑽に不必要な部分を匿名化して投稿することも許されると考えるべきでしょう。ただし、公開範囲を誤るなどして、グループ外に投稿内容が漏れた場合には、プライバシー侵害の不法行為責任を負い、弁護士法 23 条に違反する可能性が高いため、投稿の際には細心の注意を払うべきです。

| 3 | 民事事件・家事事件に関連する投稿 |

（1）相談・受任段階の事件について

Q70 「離婚事件の相談があった」「死亡事故を受任した」など、相談・受任した事件の類型について投稿してもよいですか。

A70　依頼者にとっては弁護士に依頼していること自体が秘匿しておきたい事項であるため、投稿によって依頼者が特定できる場合には、当該投稿は弁護士法 23 条に違反することになります。しかし、よほど特殊な類型でない限り、具体的事実を記載しなければ、依頼者を特定することは困難ですので、弁護士法 23 条に違反するケースはあまりないでしょう。

解説

　弁護士法 23 条が保護している「秘密」は、一般に知られていない事実であって、秘匿しておきたいと考える性質の事柄のことを指します。そして、秘匿しておきたいと考える性質を有するかどうかは、本人が特に秘匿しておきたいと考える事項に限らず、一般人の立場からみて秘匿しておきたいと考える事項も含むものです。弁護士に依頼しているということも、一般の人の感覚からすると、秘密にしておきたい事実に該当するでしょう。したがって、依頼者が特定できるような記載をした場合には弁護士法 23 条に違反することになります。

　しかし、離婚事件・貸金返還請求事件などという、一般的にありふれた事件の事件名の記載から、依頼者を特定することは通常困難であるため、そのような類型の事件については受任していることを投稿することが弁護士法 23 条違反に該当することはないでしょう。

　逆にいえば、ベトナムの少数民族である○○族の子どもの戸籍取得事件の

依頼を受けたとか、地元球団の選手がシーズン中に一方的に契約を解除させられた報道があった翌日に、「大きな案件が来た。プロ野球選手の契約形態についてしっかり調べて反論しなければ」と投稿した場合などには、容易に依頼者が特定できてしまいます。このような場合には、事件の依頼を受けたことを投稿することは、依頼者の同意なく行えば弁護士法 23 条の守秘義務に違反することになるでしょう。

Q71　「さっき来た相談者、言ってることがめちゃくちゃだったから早々にお帰りいただいた」と投稿してもよいですか。

A71　法律相談を受けた内容について同業者に相談する場合については前述のとおりです。それ以外の目的で投稿することについて、事件の当事者が見て特定できない程度に抽象化しなければ守秘義務違反に問われるおそれがあります。

相談者に対する批判は、秘密の漏示を伴わない場合であっても、品位を欠くかどうか、弁護士法 56 条に該当するかが問題となります。

解説

相談者に関して投稿することは、守秘義務の問題が生じるおそれがあります。たとえ匿名処理がしてあっても、人間関係などから知人が特定できる場合などには、弁護士に相談に行った事実自体が守秘義務の対象ですので、その事実を漏らす行為として守秘義務違反となります。

また、そもそも同業者への相談以外で法律相談の内容について投稿するのは、単なる雑談として投稿する場合が考えられます。依頼者にとっては秘密が保持されると信じて相談に行ったところ、自分が話した相談内容を SNS で投稿されると、たとえ匿名処理がしてあったとしても信頼を大きく傷つけることになってしまうでしょう。一般的な事件であり、匿名処理がしてあれば守秘義務違反にはなりませんが、依頼者の信頼を損なう行為になるので気をつけましょう。

Q72 自身の依頼者が事件について SNS に投稿してしまうのですが、やめ
させた方がよいでしょうか。やめさせる方法にはどのようなものが
ありますか。

A72　　依頼者が事件について SNS に投稿してしまうことによって有利な
展開となることは考えにくいところです。相手方に手の内を明かすこ
とになる可能性があるからやめておくように話してみるのがよいので
はないでしょうか。

解説

法的紛争になっていることや
裁判沙汰であることに舞い上が
ってしまい、時々刻々と進む手
続や、弁護士との打合せ内容に
ついて、SNS で公開してしま
う当事者がいます。怒りや悲し
みについて共感を得たいために
発言が我慢できない人、相手方
への心理的圧迫や支援者を募る
目的で情報を拡散しようとする人もいます。

暗い行灯 @client_andon001
弁護士さんとの打合せ終わり。今日は
2 時間じっくり相手の陳述書を見なが
ら相談した。相手の言っていることが
嘘っぱちだと証明できる決定的なブツ
を見せたら、弁護士さんも尋問の日が
楽しみだと。
2024/2/13 12：13

そのような行為が本人の法的紛争の解決に向けて有利になることはほとん
どありません。むしろ、不利になることの方が多いのではないでしょうか。
依頼者の発言が相手方に有利に使用されたり、相手方の感情を逆撫でして和
解が困難になったり、依頼者が相手方などに対して名誉毀損・業務妨害をし
たと主張されることもあり得ます。また、尋問において供述したことと、過
去の投稿内容の矛盾を指摘されて、供述を弾劾されることも考えられます。

仮に依頼者の事件に関する投稿が有利になることがあるとすれば、例え
ば、事故の目撃者を探すとか、同様の立場に置かれている被害者と連携した

いなど、合理的な目的があるときに限られます。しかし、そのようなときであっても、代理人が関与して内容を吟味したうえで、発信してもらうべきであろうと思われます。

　信頼関係を損なわず、また、依頼者のストレスやフラストレーションを溜めないように、言葉を選びつつ、発信を控えるように誘導する方がよいでしょう。

（2）進行中の事件について

Q73 自分の作成した準備書面などを SNS にアップロードしてもよいですか。

Q74 相手方から提出された準備書面などを SNS にアップロードしてもよいですか。

A73　依頼者の承諾が大前提ですが、依頼者の承諾があったとしても、職務上知り得た相手方や関係者の秘密が含まれている場合、守秘義務違反になるおそれはあるでしょう。

A74　マスキング等をし、自身の依頼者の同意を得た場合であっても、相手方の実質秘に該当する事実が含まれている場合は、正当な理由なく SNS にアップロードすることは守秘義務違反になるおそれがあるでしょう。

解説

　進行している事件であると終結した事件であるとを問わず、社会的に耳目を集める事件などで準備書面を SNS にアップロードするというケースを見かけることがあります。このような行為は問題ないのでしょうか。

　まず、自分の作成した準備書面などについては、依頼者の承諾さえあれば SNS にアップロードすることについて何の問題もないように思われます。しかし、自分の作成した訴状や準備書面、主張書面等であっても、相手方の実質秘が含まれていることも多いでしょう。そのような場合、たとえ自分が作成した書面であっても正当な理由なく SNS にアップロードする行為は、守秘義務に反するおそれがあるでしょう。

　このような考え方は、相手方から提出された書面であっても異なるところではありません。つまり、相手方から提出された書面にも、自身の依頼者の秘密と相手方の実質秘の双方が含まれていることがあります。自身の依頼者の秘密のみしか含まれていないと考えられる場合には、依頼者の同意があれ

ば SNS にアップロードする行為につき問題となる可能性は低いでしょう。しかし、相手方の実質秘が含まれている場合には、自身の準備書面と同様に守秘義務に違反するおそれがあります。

　なお、判決をマスキングしてアップロードする行為については、判例雑誌や判例データベース等に提出することが頻繁になされていることから、SNSにアップロードする行為についても何ら問題のない行為であるようにも思えます。

　しかし、極端な例で考えてみると、マスコミ等で報道され、誰が当事者及び代理人であるかも明らかになっている事件においては、仮に当事者名等がマスキングされていても、事件の概要部分や代理人名などから、どの事件か特定できるということは珍しくありません。もちろん、判例雑誌や判例データベースは、法曹界にとって極めて重要な事例集であり、正当な理由は十分に認められると考えられます。しかし、依頼者との信頼関係に鑑みれば、自分から判例雑誌等に判決文を送る場合でも、念のため依頼者の承諾を得ておくことが望ましいといえるでしょう。また、特異な事件や当事者に一定程度の配慮が必要な事件についてはマスキング部分を多めにするなどの工夫をする必要もあるかもしれません。

　なおマスキングされていても透けて見えたり、画像の光度等をいじれば見えてしまったりすることがあるため、自分でマスキングをしたものをインターネット上に公開するときは、注意が必要です。

Q75 弁論準備手続の席での裁判官の言動を投稿してもよいですか。

A75　裁判官の事件の進行に関する発言で、当事者の秘密を含んでいないものについて投稿することは、当事者との関係で守秘義務違反に該当しません。また、裁判官の行動は手続が公開か非公開かを問わずプライバシーの保護の対象ではないため、裁判官との関係で守秘義務違反になることもないでしょう。もっとも、非公開手続である趣旨に鑑みれば投稿は控えるべきでしょう。

解説

　弁論準備手続は原則非公開となっているため、傍聴希望者がいない場合には、裁判官の発言は当事者が漏らさない限り公になることはありません。そのような中で行われた裁判官の言動について投稿することですが、Q66 で述べたとおり、公務員の職務行為についてプライバシーが問題になることはなく、これは公開非公開の手続であるかで変わることはないでしょう。そうすると、非公開の手続で行われた裁判官の言動について投稿しても、守秘義務が保護する秘密を漏示したことにはならず、弁護士法 23 条に反するとはいえないでしょう。

　もっとも、弁論準備手続は、弁論ではできないざっくばらんな話をする席であり、結果陳述するまでは裁判上の効力を有しないものです。これをむやみに投稿されると、実効的な弁論準備手続の進行ができなくなるおそれがあります。したがって、これを公開することは、民事訴訟法が弁論準備手続を原則非公開の手続としている趣旨に反する行動であるともいえ、裁判所からみて弁護士に対する信頼を害する行為と評価される可能性もあります。場合によっては、品位を欠く行為といわれる可能性もあるため、投稿には注意が必要です。

- - -

Q76 訴訟係属について報道されている事件について、相手方から和解の口外禁止条項を求められたことを投稿してよいですか。

- - -

A76　相手方に関する事実も弁護士法 23 条の守秘義務の対象であり、口外禁止条項を求めたこと自体は相手方にとって秘匿しておきたい事実に該当するので、投稿を行うことは正当な理由がない限り弁護士法 23 条に違反する可能性があります。

解説

　弁護士法 23 条の解釈として非限定説を採る場合には、相手方に関する事実も守秘義務の対象となります。そのため正当な理由がない限り、これを漏

示することは弁護士法 23 条に違反することになります。

　まず、口外禁止条項が付いている和解を成立させたうえで、当該和解の中身について投稿することは、口外禁止条項が付いていることにより、和解の内容が相手方にとって秘密にしておきたい事実であることが明らかであるため、和解の成立自体に瑕疵があるような場合でない限り、正当な理由が認められるケースは想定し難く、弁護士法 23 条に反することになると思われます。

　和解が成立していないとき、和解の席上で口外禁止条項を求められたことについて投稿することは、その他の和解条項と合わせて投稿する場合と、口外禁止条項を求められたことについてのみ投稿する場合とで、結論が分かれるように思われます。

　前者の場合には、和解は成立していませんが、その内容の和解の提案をしたこと自体相手方にとって秘密にしておきたい事実に該当するでしょうから、和解の成立の有無に関係なく、正当な理由がなければ、弁護士法 23 条に反することになるでしょう。

　後者の場合には、口外禁止条項を求めたことが相手方にとって秘密にしておきたい事実に該当するか、まず問題となります。この点、そもそも口外禁止条項がすべての和解に付くわけではなく、口外禁止条項を求めるということは、訴訟の中で何らかの事実を相手方が隠しているというマイナスイメージを世間に及ぼす可能性があります。そのようなことが想定される以上は、口外禁止条項を求めた事実のみでも秘密に該当するといえるでしょう。正当な理由については、名誉毀損の違法性阻却事由のように、相手方が口外禁止条項を求めた事実を公表することが、公共の利益に関する事実に該当し、公益目的をもって公表したといえる場合には、正当な理由があるとして弁護士法 23 条に違反することはないと考えられます。

Q77 相手方から自分の SNS 投稿内容が裁判の証拠として出されたのですが、どのように対応すればよいでしょうか。

A77 そもそも、SNS を公開の状態で利用するときには、依頼者や相手方など事件関係者が投稿を目にする可能性があることを意識して利用しましょう。裁判の証拠として自分の投稿内容が提出されたとしても、立証趣旨が嚙み合っている場合は少ないので、さほど心配はありません。もっとも、依頼者にとって不利益な事実が書かれているようにみえるときは、関連性の有無や投稿の意図などを説明する必要があるかもしれません。

解 説

　民事訴訟において相手方が証拠として何を出すのかは原則として自由ですので、そもそも、万が一証拠として出されたときに恥ずかしすぎる投稿内容は控えておくべきです。公開設定での SNS は、街角でビラをまいているのと変わりません。匿名利用をしていたつもりであったとしても、何らかのきっかけに特定されることもありますので、安心することはできません（Q10参照）。

　依頼者も相手方も、弁護士の SNS を検索して見ていることがしばしばあります。弁護士が気づいていなくても、依頼者や相手方が意外とこっそり弁護士

弁護士 甲野太郎 @konotaro_Lawyer
3 回目でようやく保釈ゲット！
2024/3/22 17：53

のアカウントを見ていることがあるものです。依頼者が弁護士の好物を SNS によって知り、突然それを手土産に持ってきたり、弁護士が遠方の行事への参加予定を書いていたところ、その時機を狙って相手方が執拗に依頼者に対して直接交渉を強いてきたりした事例もあるようです。また、刑事弁護人が保釈決定を得たことを喜んで書き込んだところ、それを見た被害者が

怒り、警察に弁護人への苦情を述べた事例もあります。時折、自分の氏名でインターネット上で検索をして（この行為は「エゴサーチ」と呼ばれています）、関心を持った関係者が簡単なインターネット検索によって自分についてどのような情報を目にすることになるのか、知っておけば心構えになり有益です。

　裁判の証拠として自分の SNS の投稿が提出されたとしても、立証趣旨と証拠（の投稿の記載内容）が噛み合っている場合は少なく、単なる代理人の悪性格立証にとどまる場合がほとんどでしょうから、さほど心配はありません。逆にいえば、相手方代理人が当該裁判での主張と異なる説を SNS で投稿していたとしても、証拠として提出することには意味がないので、ひっそりと自説の参考にさせてもらうにとどめるのがよいでしょう。

　刑事弁護の広告として、性犯罪の被疑者が弁護人によって示談が得られ不起訴になったところで「今夜は一杯やるか」などと発言する内容のマンガを HP に掲載していたところ、「不謹慎だ」「被害者の人格を否定している」などの批判を不特定多数から受けた事例があります。具体的な事案から離れた抽象的な記載であっても、当事者又は第三者からも批判を受ける可能性があります。愚痴をこぼしたり、難しい事案でよい結果が得られて心の中でガッツポーズをしたりしたくなるものですが、依頼者、相手方、関係者の感情を逆撫でするようにみえる態度を表すのは、よく考えてからにしましょう。

　依頼者にとって不利益な事実が書かれているようにみえるときは、関連性の有無や投稿の意図などを説明する必要があるかもしれません。例えば、そもそもこのような投稿をすべきではないでしょうし、最低限の証明力も欠くように思われますが、あなたが「依頼者の話が信じられない」などとつぶやいているのを証拠として提出されたときには、そ

弁護士 甲野太郎 @konotaro_Lawyer
もう受任してから 2 年以上になる離婚事件。依頼者の話が最初の打合せとは全然違ってきたので、自分の見立て力に自信喪失。再来週の期日までの書面が書けなくてつらい。もう辞任したい…
2024/4/1 13：34

の依頼者が当該事件の当事者のことを示すものではないことを、訴訟上で
も、また、依頼者との関係でも、説明しなければならなくなります。

　匿名アカウントでのSNS利用をしているときにも、その発言について民
事上の損害賠償請求を受けたり、懲戒請求を受けたりすることがあり得ま
す。その手続の中で、そのアカウントが自分のものであるかどうかの認否を
求められたとき、虚偽の答弁をすることは弁護士として適切とは考えられま
せん。それでは、その匿名アカウントが自らのものであるかどうかについ
て、認否を拒否することができるでしょうか。この点については難しいとこ
ろですが、認否の要を認めず明らかにしなかったとしても、最終的に発信者
情報開示請求等の手段あるいは投稿内容から推認していく立証方法によっ
て、そのアカウントと弁護士の紐付け（特定）がされることがあり得ます。
そのように、いずれ証明されてしまう可能性があるものであることを理解し
たうえで、普段の利用に注意し、問題視されたときの認否の対応についても
考える必要があります。

Q78 相手方本人又は代理人のSNS投稿内容を証拠として利用することは
可能でしょうか。その際どのようなことに注意すればよいでしょう
か。

A78　立証趣旨は何かをしっかり考えて利用しましょう。SNSに関連性
のない投稿しても、立証のために意味はありません。特に、代理人の
SNS投稿が有用となる場面は限られるでしょう。

解説

　証拠は立証趣旨との関係で、提出する必要性・有効性や意味合いが変わる
ものです。

　例えば、当事者が名指しで脅迫的なコメントや投稿をしたという事実を、
まさにその加害行為があったことの立証のために当該コメントや投稿を証拠
とすることは、もちろん必要かつ有効です。しかし、例えば別の第三者に対

しても同様の投稿をしていることを証拠によって提出したとしても、全く無関係とはいえないものの、立証としてはあまり大きな価値があるとは言い難いでしょう。

　Q19・77 で触れたとおり、相手方代理人が当該裁判での主張と異なる説を SNS で投稿していたとしても、証拠として提出することには意味がないので、ひっそりと自説の参考にさせてもらうにとどめるのがよいでしょう。

　X でのポストをはじめ SNS での投稿が証拠として価値のある場合もあります。相手方本人が不利益事実や主観的要件となる意図などをはっきり記載している場合には非常に有用です。例えば、過去の事実に関する相手方当事者本人や関係者のつぶやきがある場合で、相手方当事者の主張と齟齬や矛盾のあるときです。また、アリバイ証拠として使用できる場合も考えられますが、偽装することが可能な場合もあり、証明力は高くはないかもしれません。インターネット利用者の高齢化が進めば、遺言能力を裏付けるコミュニケーション能力があることを示すために遺言者の SNS での投稿の記録が利用されるようになるかもしれません。保険金詐欺の調査や立証（事故の発生や偶然性・外来性を否定する根拠として）にも、被保険者の SNS での投稿が見られていることがあります。

　SNS での投稿をはじめインターネット上の表示を証拠として提出するときには、URL の表示や出力した日を記載するなど、証拠説明書への記載方法が独特です（一部の裁判所のウェブサイトに記載方法の例が掲載されています）。例えば、X のポストには固有の URL が存在するので、これと画面表示をした日付が記載されるようにプリントアウトすることになります。なお、SNS での投稿は後で消されたり修正されたりすることもありますので、スクリーンショットも保存して証拠の保全をしておくべきです。

　知財高判平成 22・6・29 平成 22 年（行ケ）10082 号裁判所 HP〔28161765〕は、「インターネットのホームページを裁判の証拠として提出する場合には、欄外の URL がそのホームページの特定事項として重要な記載であることは訴訟実務関係者にとって常識的な事項である」とし、欄外に URL の記載のないホームページの証拠能力を否定しているので、スクリーンショットを撮

る時には、URL も映しておくべきでしょう。

（3）終了した事件について

Q79 判決を SNS にそのまま投稿してもよいですか。それとも何か注意すべき点がありますか。

A79　依頼者の同意なく依頼者を特定できる形で判決文を投稿することは、弁護士職務基本規程 23 条に違反します。相手方を明らかにして掲載する場合も、原則として弁護士法 23 条に反することになるでしょう。

解説

　まず、前提として判決文の公開が著作権法違反になるかどうかですが、判決はたとえ著作物であっても著作権の客体となることがありません（著作権法 13 条 3 号）。

　判決文を SNS 上に掲載する行為が守秘義務違反に該当するかどうかについては、判決の公開との関連が問題となります。

　民事訴訟法 91 条に基づき、民事訴訟記録の閲覧謄写は誰でもすることができることになっています。第三者が判決を謄写したうえで、ネット上に掲載することも可能です。そこで、誰でもネット上に掲載することができる判決文の内容については、「秘密」に該当しないのではないかという問題が出てきます。判決主文については、報道されていればそれは広く一般に知られている事実に該当し「秘密」とはいえないでしょう。しかし、テレビや新聞報道で判決文が逐一検討されているような例外的な場合を除き、一般の人が判決の理由に書かれている事項までを細かに知っていることはありません。そうすると、判決の理由については、既に報道されていたとしてもこれを載せることは秘密の漏示に該当することになるでしょう。そうであれば、依頼者の承諾なく判決文を SNS にアップロードすることは、たとえ報道がされ

ていたとしても秘密の漏示に該当することになり、弁護士法 23 条及び弁護士職務基本規程 23 条に違反することになります。

　相手方の情報を明らかにして投稿する場合についてはどうでしょうか。相手方の秘密も弁護士法 23 条の秘密に該当し、正当理由なく漏示することは許されないということは既に述べました。では、判決文を公開する場面で考えられる、正当理由とはどのようなものでしょうか。弁護士自身が、当該判決文の事件と相手方を同じくする依頼者の事件において、事案が類似するとして、訴訟において判決文を引用する行為は許されるでしょう。これを広げて、弁護士自身が依頼を受けてはいないものの、相手方を同じくし事案も類似する訴訟を抱えている別の弁護士や当事者が見ることができるように投稿することは許されるでしょうか。

　この点、裁判例の積重ねが先例として集積されることにより、一般化できる規範として確立され、判例が作られることになります。また、裁判が公開され判決も公開されているのは、その妥当性について国民が裁判所の判断を監視することができるようにしているからです。そのような判決が公開されている意義と理由に鑑みると、1 つひとつの判決を SNS に投稿することにも、一定の正当性が認められることになるでしょう。問題は、相手方の名前を掲載することが許されるかです。この点について、事件の事件番号と係属裁判所名が掲載されてさえいれば、事件の特定は可能であり、監視の役割は果たすことができます。また、規範の定立に利用する場合であっても、相手方がどこの誰であるかは関係なく、相手方が別の者であっても全く同じ事情があるのであれば同様の判決が出るべきなのであって、相手方の名前や住所と規範定立の間に原則として関係性は認められません。そうすると、相手方の名前や住所を記載することに別の要請がない限り、不必要な行動といえ、正当な理由があるとして守秘義務違反が免責されることはないでしょう。

　また、判決をネット上に掲載することが不法行為を構成する可能性もあります。不法行為を構成するような場合には、品位を欠く行状に該当することになるでしょう。この点について、弁護士が掲載したものではありませんが、判決がネット上に掲載されたことにより、住所がネット上に拡散された

として不法行為に基づく損害賠償請求を求めた事件では、正当な目的なく当事者の住所を拡散する行為は不法行為を構成するとしています（東京地判平成 23・8・29 平成 22 年（ワ）47931 号公刊物未登載〔28212513〕）。この判決を前提に懲戒請求がされる場合には、弁護士法 23 条違反とともに、弁護士法 56 条も問題になることになるでしょう。

　以上のとおり、一切マスキングをすることなく掲載する行為は、たとえ依頼者の同意を得ていたとしても、相手方や第三者との関係で弁護士法 23 条に違反する可能性が高いものとなります。したがって、判決をアップロードする際にはプライバシーを侵害する態様になっていないか、他人の名誉を毀損する態様になっていないかについて注意する必要があります。

Q80 判例雑誌の写真を載せて、SNS 上で議論をすることに問題はないでしょうか。

A80　Q79 のとおり、判決自体は著作権の客体とはなりません（著作権法 13 条 3 号）。しかし、判例雑誌に載っている解説は、著作権の客体となりますので、引用（著作権法 32 条）の要件を満たしている必要があります。

解説

　著作権法 32 条は「公表された著作物は、引用して利用することができる。この場合において、その引用は、公正な慣行に合致するものであり、かつ、報道、批評、研究その他の引用の目的上正当な範囲内で行なわれるものでなければならない。」と規定しています。

　引用は、公正な慣行に合致する手法で行われなければなりません。例えば、学術論文において、引用する場合には参考文献として引用元を記載する必要があり、参考文献の記載方法としては「著者名、論文名、誌名、出版年、巻、号、ページ数、ISSN」を記載することが 1 つの手法とされています。文字数の制限のされていない SNS においては、これらをできるだけ書

くことが望ましいですが、一般市民にとって SNS が容易に利用できる表現媒体であることを考えると、読者が容易に出典にたどり着ける程度に特定されていれば、参考文献の記載方法として、公正な慣行に合致すると判断される可能性が高いでしょう。

　引用できる範囲についても、問題になります。全体を引用しないと議論ができない場合には、引用の目的上正当な範囲内と認められる場合もあります。知財高判令和5・7・13 令和5年（ネ）10001 号等裁判所 HP〔28312137〕は、テレビ局の 50 数分の動画を、70 枚程度の静止画に切り抜き、自身の感想をまとめたものと合わせてウェブサイトに投稿した事案において、静止画を見るだけで動画の全体をほぼ把握できるようにするものであるといえ、「感想ないし批評を述べるとの目的との関係で、社会通念上合理的な範囲内のものであるということはできない」と判断をしました。ただし、少しの感想とともに、テレビ報道を切り抜いてブログなどに引用する場合と判例評釈に対する意見を述べる目的で評釈全体を引用する場合は、もちろん判断は異なるでしょう。後者の場合には、判例評釈全体を載せないと、判例評釈全体の意見を把握できないので、批評をするためには、全体を引用する必要性があるでしょう。一方で、判例評釈に対する意見を述べずに、ただ単に「これってどうなの？」と判決の要旨と判例評釈の一部や全体が写った写真を投稿する場合には、批評が十分な批評とも受け取れませんし、社会通念上合理的な範囲内のものと認められない可能性もあります。

Q81 詐欺被害など、公益性がある事件の判決については、事件の当事者の名前や特定情報をマスキングせずに投稿しても問題ないですか。

A81　　正当な理由がある場合には弁護士法 23 条に違反しません。したがって、判決を前提に詐欺被害が拡大しないようにする活動として判決を公開することは認められることが多いでしょう。ただし、公開の際には当該目的であることを明らかにして行うことが無難でしょう。

解説

　自己の依頼者について受領した判決については、たとえ判決が公開されているとしても判決文を取得した経緯は職務に基づくものですから、判決文に記載された事項は職務上知り得た秘密となります。したがって、依頼者の特定ができないようにしたとしても、非限定説を前提とすると、相手方当事者の特定が可能な状態で公開することは、その相手方当事者に対する弁護士法23条の守秘義務に違反することになります。

　一方で、Q60で述べたとおり正当な理由がある場合には、弁護士法23条に違反しないため、詐欺被害など公益性がある判決の公開が、正当な理由に該当するものとして許される可能性があります。

　正当な理由を検討する場合には、秘密の公開によって侵害される第三者の利益ごとに、公表行為が許されるかを検討することになります。その理由は、第三者に対する守秘義務が認められる根拠が、その第三者の利益を保護するためにあり、その利益ごとに正当な理由を検討することが適切だからです。

　判決文を公表されて秘密を明らかにされた第三者が主として侵害されるのは、人格権としての名誉でしょう。名誉毀損については、刑法230条の2第1項の名誉毀損の違法性阻却事由を満たす場合には、民事上の不法行為責任についても成立しません（最判昭和41・6・23民集20巻5号1118頁〔27001181〕）。詐欺被害の拡大の防止という公益目的をもって、詐欺行為をしている団体に関する情報という公共の利害に関する事実に関する判決文を、判決が確定したことによって当該事実の存在が証明されているという根拠に基づいて公表することは、刑法230条の2第1項の名誉毀損の違法性阻却事由を満たすことになるでしょう。したがって、この場合には正当な理由があるとして民事上の不法行為責任も負わず、また弁護士法23条に違反することにもならないでしょう。

　なお、当該判決が確定していない場合にも同様に公開してよいか問題となります。なぜなら、刑法230条の2第1項の真実性の証明が不十分であるとされる可能性があるからです。しかし、刑法230条の2第1項については、

摘示された事実が真実であることを立証できなくても、行為者において、その事実を真実と信じるについて相当の理由があったことを根拠付ける具体的事実を主張・立証することで、名誉毀損についての故意がないとして責任を負わないとされています（最大判昭和 44・6・25 刑集 23 巻 7 号 975 頁〔24004915〕）。民事責任についても、真実と信じるについて相当の理由がある場合には、同様に不法行為における故意過失がなかったものとされています（前掲昭和 41 年最判〔27001181〕）。

　判決が認定した事実を真実であると考え、そう考えるのに合理的な資料も訴訟に提出したところ、未確定とはいえ裁判所が当該事実を証明されているものとして判決において認定している場合には、その弁護士が判決の認定した事実を真実と信じるについて相当の理由があると考えることができるでしょう。

　したがって、代理人として関与した事件の判決については、未確定であっても、消費者被害の拡大を防ぐための情報提供として公開することは、正当理由が認められて許される可能性が十分にあるでしょう。

Q82 成年被後見人が死亡した後に、火葬に立ち会う人がいなかったことなどを投稿してよいですか。

A82　成年後見人は成年被後見人の死亡後も守秘義務を負うと考えられますので、投稿すべきことではないでしょう。

解 説

　設問のような例では、そもそも守秘義務の対象である成年被後見人は既に死亡していますが、死亡後も依頼者の信頼を前提として課された守秘義務が消えることはないと考えられるため、成年被後見人の死亡後も、成年被後見人との関係で守秘義務が問題となります。火葬に誰も来なかったことなどを投稿してよいかですが、火葬に誰も来なかったという事実はネガティブな情報であり、被後見人や相続人にとっては秘匿したい事実といえ、秘密に該当

するでしょう。また、火葬への立会いは成年後見終了後の業務の一環として行われているので、職務上知り得た秘密にも該当します。

弁護士 甲野太郎 @konotaro_Lawyer
数年間だったけれども後見をしていた被後見人の見送りを済ませてきた。遠くに親族はいるけれど、連絡しても来てくれず、血縁のない僕だけに見守られての火葬でした。
2024/7/19 14：18

　したがって、実名アカウントあるいは特定が可能な弁護士のアカウントでこのような投稿を行うべきではありません。なお、成年後見人として弁護士が対第三者に連絡、通知などをしていることもありますし、成年後見人の就任は2000年3月まで戸籍記載・官報公告によって公示されていたため、成年被後見人を知る人の中には、弁護士の名前を特定することができただけで成年被後見人を推知できる人もいるでしょう。弁護士・成年被後見人ともに匿名で投稿する場合であっても注意が必要です。

4　受任していない事項に関連する投稿

Q83 SNS 上で見かけた別の弁護士の投稿について、「これは問題だから懲戒請求を受けるべきだ。みんなで懲戒請求しよう」と投稿することは問題ないですか。

A83　　このような投稿は、場合によっては不法行為や虚偽告訴罪に該当することが考えられますし、それらに該当しなくても、弁護士法 56 条の品位を失うべき非行に当たる可能性があるため、慎重に行動すべきでしょう。

解説

　虚偽の事由に基づいて懲戒請求をした場合には虚偽告訴罪（刑法 172 条）に該当すると解されています。虚偽告訴罪に該当する場合には弁護士法 56 条の品位を失うべき非行に該当するでしょう。

　また、民事上の不法行為に該当するか否かについては、最判平成 19・4・24 民集 61 巻 3 号 1102 頁〔28131155〕が参考になります。弁護士に対する懲戒請求をする者は、懲戒請求を受ける対象者の利益が不当に侵害されることのないように、対象者に懲戒事由があることを事実上及び法律上裏付ける相当な根拠について調査・検討をすべき義務を負い、その根拠を欠く場合に、そのことを知りながら、若しくは通常人であれば普通の注意を払うことにより、そのことを知り得たのにあえて懲戒を請求するなど、懲戒請求が弁護士懲戒制度の趣旨・目的に照らし相当性を欠くと認められるときには、違法な請求として不法行為を構成するとされています。（ただし、上記の最高裁判決の事例では、受忍限度内にとどまるとして損害賠償請求権は否定されています）

　また、自ら懲戒請求をするよりも、他者の誤解の下で多数の懲戒請求を誘

発する方が悪質であると評価される可能性があります。懲戒請求の書式を添付するなど多数による懲戒請求を容易にすれば、品位を害すると認められたり、不法行為における違法性を認められたりする可能性が高くなります。上記の最高裁判決の事例では、被告である弁護士に対して業務停止2月の懲戒処分がされています。

　懲戒請求を呼びかける投稿をリポストし、単純に拡散させる行為にも注意が必要です。不当な懲戒請求を呼びかける投稿のリポストは、不法行為を助長するものとして、その行為自体が不法行為を構成する可能性があるからです。したがって、批判の意味を込めてリポストする場合には、「このような懲戒請求には意味がなく、かえって不法行為に荷担することになりかねない」という注意喚起の引用リポスト等でコメントを付けるなどして、単純に拡散させるためにリポストしたわけではないことを明らかにしておくべきです。そのようなコメント付きの引用リポストであれば、目的・手段ともに正当であり許容される可能性は高まるでしょう。

　2018年頃、懲戒請求書の書式を掲載したブログでの呼びかけに呼応して、特定の弁護士らに大量の懲戒請求がなされたことから、弁護士らが個別の懲戒請求者らに対して不法行為に基づく損害賠償を求める訴訟が提起されました。この事件のほとんどの判決では、呼びかけに応じた個々の懲戒請求者による単独不法行為が認定され、損害賠償請求が認容されています（横浜地判令和1・7・11平成31年（ワ）364号公刊物未登載〔28274460〕、東京高判令和1・11・20令和1年（ネ）3495号公刊物未登載〔28274461〕、東京高判令和4・4・19判タ1512号97頁〔28301038〕等）。不当な懲戒請求を勧奨する投稿を拡散することも不法行為となり得ることから、事実上及び法律上の根拠があるのかどうか、リポストをするときにも確認をしておきたいところです。

....

Q84 他の事務所の批判に関する投稿をすることは問題ないですか。

....

A84　事件を処理する中で、相手方の事務所の対応に疑問を感じたり、その所属弁護士の批判をしたくなることは、それなりにあり得ることでしょう。しかし、過度な批判は、弁護士職務基本規程70条（名誉の尊重）との関係で問題となる余地があります。相手方の批判を行うのではなく、自分の事務所の方針やメリットを強調するのがよいのではないでしょうか。

解説

　他の事務所や弁護士の業務のやり方や書面の内容を批判する場合、相手が全く特定されない方法で行うのであれば、問題が大きくなることはないでしょう。しかし、ある事件や交渉が終了した直後などに、「先ほどの事務所は…」などと投稿したり、「この地域では最大手の事務所」「全国展開の事務所の当地の支店」などのように、相手方やその代理人が読めば容易に特定できるような書き方で、名指しに近いことを行うことは問題です。

　弁護士職務基本規程70条は、弁護士間の名誉と信義を重んじることを規定しています。自分にも依頼者がいて依頼者の利益を考えて行動しているように、相手方の弁護士にもそれぞれ依頼者がいます。そして、その依頼者にも様々なタイプがあることは、弁護士であれば共通の理解事項といえるのではないでしょうか。一見、不当にみえる主張を記載した書面が届いたり、そのような発言があったとしても、それは依頼者との関係で無理を承知でやむを得ず行っている場合もありますし、前提となる事実認識の出発点が異なるために、どうしても噛み合わない議論になることもあるものです。そのことについて、相手方弁護士を批判し、攻撃しても利益になることはないと思われます。過度な批判は、弁護士職務基本規程70条との関係から、不必要な紛議を生じさせることになりかねないので注意が必要です。

　仮に相手方弁護士が、「従来の判例に反するような主張をする」「法外な額

の請求をする」「基本的な要件事実を踏まえていない」と感じることがあったとすれば、それを直截な表現で批判するのではなく、自分の業務のやり方の正当性をアピールする機会として利用してはどうでしょうか。「自分の事務所は過去の裁判例を可能な限り調査しています」「実務上、認められる慰謝料には限界があり、それを踏まえた主張・立証活動を行っています」「裁判における主張や立証をどちらがどのような方法で行うのかについては、一定のルールがあり、これを守ることで早期に適切な解決が図れるようにしています」というように、自分の事務所がルールや常識を重んじる事務所であることをアピールする方向で活用すれば、依頼者の信頼を得られやすくなるのではないでしょうか。それに気がついた相手方も、やり方を変えてくることが見込めるかもしれません。

　なお、自身の発言や文書の内容について、あからさまに批判されたときに、どのように対応するのがよいのかは、悩ましいところです。実質的に名指しで批判をされ、それが明らかに不当なものだと思われるときは、守秘義務に注意しつつ、堂々と反論の書き込みをしてもよいのではないでしょうか。公開された言論には公開の言論で対抗するというのが基本的なマナーだろうと思いますし、そのようなやりとりを通じて、建設的な意見交換ができたり、相手から謝罪や書き込みの削除などをしてもらえたりする可能性もあります。

　他方で、特に X の場合には、無料ユーザーの場合 140 字という字数の制限があり、正面から反論することが難しいでしょう。自分の発言にリプライを付ける形で連続ツイートをするという方法もありますが、分断して切り取られて誤解を受けることが起きやすいのも事実です。特に X の場合には、あえて発言に反応しないという「スルー力」を身につけるというのも、時と場合によっては必要になってくるものと考えた方がよいでしょう。

Q85 調停待合中に相談者とした事件に関係のない雑談について投稿してもよいですか。

A85　事件と無関係の事実であれば、公開しても守秘義務違反には該当しませんが、依頼者との信頼関係を損なわないように注意が必要です。

解説

　事件に関する事項ではなく、調停の待ち時間や移動時間に行われた雑談は、職務上知り得た事実には該当しません。したがって、守秘義務の対象ではありませんが、それをむやみに投稿することは依頼者との信頼関係を損ないかねませんので注意が必要です。

　これは、調停の待合中であったかどうかに関わりません。雑談が独特な内容であればあるほど、SNS に投稿したくなるものですが、例えば依頼者の知り合いが投稿を見たときに、その依頼者が弁護士に依頼していることが推測されてしまいます。依頼者にとっては、弁護士に依頼をしていることがあるという事実すら、周囲の人には知られたくない可能性もあります。

　なお、調停待合室で同席した第三者の間の会話についても、守秘義務の対象ではありませんが、他人に聞かれて拡散されることを想定して話されていることであるかどうかわからないので、公開の法廷で見聞きしたことを投稿する場合（Q65・66 参照）とは異なる配慮が必要です。後から特定されてクレームを受けることのないよう注意すべきでしょう。

Q86 依頼者が逮捕されたことを報道で知った場合にそのことについて投稿してよいですか。

A86 特定の事件名を出して逮捕されたことを投稿すると、守秘義務違反に該当する可能性があります。依頼者を特定することもできない場合には、守秘義務違反には該当せず、品位を欠く行為にも当たりませんが、今後の依頼者との信頼関係を失わせる危険があるので、事件を継続するなら避けるべきです。

解説

特定の事件名を出して依頼者が逮捕されたことを投稿すると、逮捕報道から依頼者が特定できた場合に、当該依頼者が民事事件について弁護士に依頼している事実を漏示したことになってしまうため、守秘義務違反に該当することになります。

また、具体的な事件、場所、日時を出さずに単に「依頼者が逮捕された」と投稿することは、守秘義務違反にも品位を欠く行為にも該当しません。しかし、依頼者の逮捕が直ちに委任契約の信頼関係を破壊するものではないため、引き続き事件を担当することも多いと思います。引き続き事件を担当する以上は、依頼者との信頼関係を失わせる危険がある行動は避けるべきです。

Q87 法廷の傍聴席から見かけた、自分と関係のない事件の代理人の問題
行動について、投稿してもよいですか。

A87　　傍聴席から見かけた事件に関する投稿は、職務上知り得た秘密では
ないため弁護士法 23 条が問題になりません。もっとも、弁護士職務
基本規程 70 条は、他の弁護士の名誉と信義を重んじることを要求し
ていますので、むやみに中傷する形で SNS に投稿するのであれば、
弁護士職務基本規程 70 条に違反するものとして、弁護士法 56 条の品
位を失うべき非行に該当するとされる可能性があります。

解　説

　弁護士法 23 条は職務上知り得た秘密についての守秘義務を規定している
ものであるので、職務とは関係なく知った事項については守秘義務を負うも
のではありません。したがって、傍聴席から見かけた事件に関する事実につ
いて、守秘義務を負うことはありません。

　もっとも弁護士職務基本規程 70 条は、他の弁護士の名誉と信義を重んじ
ることを要求していますので、中傷になりかねない投稿は避けるべきでしょ
う。弁護士の問題行動をあえて是正するのであれば、まずは当人に直接指摘
するのが親切でしょうし、他の弁護士への注意喚起の意味を込めるのであれ
ば、傍聴席から見かけた事件であることなどは記載する必要もなく、ある程
度抽象化して一般論として投稿すれば足りるでしょう。

　ことさらに誰のどのような行動かがわかるようにあえて投稿するのであれ
ば、かえって弁護士法 56 条の品位を失うべき非行に該当する可能性がある
ので注意が必要です。

SNSを利用しない
弁護士もSNSを
知っておく

1 | 法律事務所の事務員が SNS を利用するに当たって

Q88 自分の事務所の事務員や秘書が匿名アカウントで X 等の SNS を利用しているようですが、弁護士としてどのようなことに気をつければよいですか。

A88 極端なケースを除けば、すぐに問題になることはないと思われますので、むやみに神経を尖らせる必要はありません。ただし、事前に事務所でルールを作っておくことをお勧めします。

解説

法律事務所の事務員が SNS を利用することもあるでしょう。

現実的には、実名でアカウントを作ったり、事務所名をオープンにして書き込んだりすることは少ないと思われます。したがって、以下は、匿名アカウントで利用しているところを、たまたま目撃して知ったというケースを念頭に考えてみます。

例えば、事務員が「今日、事務所に来た離婚の相談者はマジでキモい。DV オトコは最低だ」などと書き込んでいるとしたらどうでしょうか。

このような書き込みの場合、相談者の身元が直ちに特定されるようなことはないと思われます。離婚の相談というのは、法律事務所においてはしばしばある日常的なジャンルであり、たとえ相談者自身がその書き込みを見たとしても、すぐに自分のこととはわからないでしょう。極端なケース（「有名人の○○さんが事務所に来た」とツイートしている場合など）を除けば、事件のことに踏み込んだ言及をしているとしても、相談者のプライバシーの侵害に当たるということは考えにくいように思われます。その意味では、この程度の書き込みであれば、大目にみてスルーするというのもあり得る選択だと思います。

　とはいえ、地方の単位会の支部など、所属する弁護士が少ない場合には、注意が必要です。法律事務所の事務員という職業は、世の中全体からみると、必ずしも一般的なものではありません。また、アカウントのプロフィール欄に、弁護士の所属単位会や具体的な地名が出てこないとしても、その人の他の投稿内容や、他にフォローしているアカウントやフォロワーを見ていくことによって、地元の特定ができてしまうことも少なくありません。例えば、広島東洋カープに関するアカウントや広島グルメ情報などというアカウントをフォローしていれば、広島在住であると推測されるでしょう。これがもう少し細かくなっていくと、その人が住んでいるおおよその地域（例えば広島県の東部や北部という程度）も推測することが可能になってきます。

　そうすると、本人は匿名アカウントで投稿しており、事務所の顧客や相談者の個人情報について直接の言及をしていないとしても、場合によっては、相談に訪れた相談者や、その事件の相手方が、これを発見する機会がないとはいえないところです。特に X の利用に慣れている世代（若手の方が慣れているといえるでしょうか）は、ウェブサイトや X の検索にも慣れていますので、相談した事務所や弁護士の評判を気にして、あるいは相手方代理人となった弁護士の情報を得ようとして検索をかけるなどする過程で、事務員のアカウントを見つけてしまうことがあるかもしれません。例えば、相談者や依頼者から珍しい手土産をいただいた場合に、「めったに手に入らない○○というお菓子をいただいた。わざわざ 1 時間も並んでくださったらしい」というようなポストでも、相談者から見れば、自分のことが書かれていることがすぐにわかるでしょう。そして、その直後に、先の「DV〜」というポストがあれば、冷や汗が出るような事態になりそうな予感がしませんか。

　もし前記のようなポストを見られてしまえば、プライバシー侵害や守秘義務違反の問題は生じないとしても、事務所内での秘密の保持について、弁護士に対する不信感を招きかねない事態になりかねません。雇い主である弁護士としては、そのような事態は避けるべきです。仮に自分の事務所の職員が前記のような書き込みをしているのを見かけたり、その可能性があると感じたりした場合には、職員に対して直接、指導をすることも必要となるかもし

れません。

そもそも、SNS の利用が一般的になってきていることや、いわゆる炎上騒動があちこちで起きていることからすれば、事務所内で SNS の利用に関するルールを作っておき、事務員に日ごろから注意をしておくことが必要な時代なのではないかと思われます。

2024 年 6 月から施行された日弁連の「弁護士情報セキュリティ規程」では、各弁護士が「取扱情報の情報セキュリティを確保するための基本的な取扱方法」（キホトリ）を作成することが求められています（Q12 参照）。そして、日弁連が提供しているキホトリのサンプルでも、事務職員を含めた事務所内での安全管理措置を具体的に定めることが推奨されています。

具体的なルールについては、Q89 で検討します。

Q89 SNS の利用について事務所内でどのようなルールを作ればよいですか。

A89 相談者や弁護士の言動など、事務所内で見聞きしたことについては投稿しないこと、業務時間中には使用しないことなどを決めておくとよいでしょう。

解説

前問 Q88 で検討したように、事務員の何気ないつぶやきでも、いったん事件の関係者の目に触れてしまえば、弁護士の信用問題につながりかねない危険があります。それでは、雇い主である弁護士として、どのように対応すべきでしょうか。

大前提として、事務員が事務所のパソコンで X を利用している場合であっても、事務員が休憩等で離席しているすきに、そのパソコンを調べてアカウントを探ったり、問題があると感じたツイートを勝手に削除することはすべきではありません。このようなことをすると、今度は、事務員のプライバシー侵害の問題や不正ログインの問題が生じる可能性があり得るからです。

何か問題が起こりかけた場合には、その事務員を同席させ、その人の同意を得たうえで、弁護士の目の前でブラウザを操作してもらうなどして SNS の画面を見せてもらうようにすべきでしょう。もちろん、パスワード入力画面が表示されるようになれば、それを凝視したりメモを取ったりすることは控えるべきです。

そして、その中で問題があるポストを特定し、そのどこがどのように問題であるのかを、わかりやすく説明してみましょう。特に採用されて間がない事務員の場合には、法律事務所で見聞きすることすべてが新鮮に映り、軽い気持ちで「こんなことがあったよ！」という投稿をしてしまいがちです。本人には悪気はないのでしょうから、頭ごなしに注意をするのではなく、事務員の心構えという一般的な部分から、丁寧に説明すると理解してもらえるのではないかと思います。

また、個別に注意をするのが難しいことから、SNS の利用について、事務所内でのルールやガイドラインを作っておき、日弁連の弁護士情報セキュリティ規程に従い各弁護士が定めるべき「取扱情報の情報セキュリティを確保するための基本的な取扱方法」（キホトリ）に記載したり、採用の際や事務所会議などの際に事務員に説明したりするのが、紛争の予防という観点からも望ましいといえます。

それでは、どのような内容のルールを定めておくのがよいでしょうか。

まず、相談者の相談内容、相談者の属性、相談者の態度やこれに対する弁護士の反応など、事務所内で見聞きしたことについてはどのような状況（勤務時間外や事務員が持っている私物のスマートフォンを利用する場合）でも投稿しない、というルールを作ることを勧めます。事務所内でのやりとりには、守秘義務やプライバシーとは無関係なこともたくさんあるでしょうし、前問でみたように、相談内容に関連した投稿でも多少のことでは問題になることはないでしょう。しかし、炎上すると拡散しやすいのが X の特徴であり、また、公開アカウントの場合つぶやき自体が全世界に開かれたものであることを考えると、ひとまずのルールとして、前記のような内容を定めておくことが有用です。

　また、業務時間中のSNS利用を控えるようにするというのも、問題発生を防止するルールとなり得ると思います。そうすることで、条件反射的に投稿してしまうことを避けることができます。また、個々のポストにはその日時が記録されています。そのタイムスタンプが付いた状態でポストが拡散されることからすれば、業務時間中に問題がある書き込みがなされてしまうと、それ自体が発言者や事務所特定の手がかりになってしまいます（Q10参照）。時間差をおいたつぶやきを意識させるという意味でも、仕事に集中してもらうという当たり前の意味でも、業務時間中にSNSを利用しないというルールを作るとよいのではないでしょうか。

　Xを広告媒体として利用し、事務員にその書き込みを依頼する場合はもちろん、情報収集の一環としてXを利用する場合、災害時や交通トラブルの発生時など、リアルタイムでの情報発信をしやすいXを利用することが便利な局面も多いと思われます。そのような場合には、弁護士に一言断ってから利用をする、書き込みはダメだけど閲覧は自由とするなど、事務所なりのルールを作っておくのが望ましいでしょう。

　なお、業務時間外（終業後や休憩時間など）であっても、事務所用のPCを利用してSNSにアクセスすることは禁止した方がよい場合もあります。休憩時間中にアクセスしたSNSの画面を開きっぱなしにしておくことは、業務に対する集中力が発揮されないことにもなりかねません。また、業務時間外の利用であっても、正体不明のリンクをクリックするなどした場合には、同時にログインしていた事務所のアカウントが乗っ取られたり、意図せずにフォロワーにSPAM（スパムメッセージ）を送りつけたりすることもあり得ます。そうなると、それらの対応に事務局や弁護士の業務時間を割かれることや、事務所用PCから個人情報が流出するおそれも皆無であるとは言い難いところです。そのため、職場における共用PCを利用してSNSを利用することを制限するというルール設定をしておくことがよいのではないかと思われます。

　もっとも、個人事務所などでは、弁護士が常時在席しているとは限らず、このようなルールを定めておいても、それを厳格に運用することに無理があ

るケースも多いでしょう。必要なのはルールそのものではなく、事務所の信用や依頼者との信頼関係を守ることです。したがって、ルール作り（キホトリの作成）の過程に事務員も入ってもらうなどして、風通しの良いルールや事務所運営をするように努め、上から目線で押しつけるようなことは避けることが重要でしょう。

Q90 事務員の SNS について、どのような指導をすべきですか。どこまでの指導が許されますか。

A90　不正なアクセスと疑われるような行動はせず、事務員自身に操作をしてもらって指導をするのが望ましいでしょう。

解説

　具体例で考えてみましょう。

　事務員が離席している間に事務員が利用している PC の画面を見てみたところ、たまたま事務員が使っている X の匿名アカウントを見つけてしまい、また、そのアカウントのパスワードと思われる付箋が、PC のモニターの横に付箋で貼ってあったとします。その後、その弁護士が自席に戻り、メモしたパスワードを使って X にアクセスし、事務員の発言をチェックしてみたところ、「遅刻しそう」とか「雨の日の外回りはしんどい」というようなものであり、特に問題があるようには見えませんでしたが、中には、「ボスが出張だからヒマなので早く帰ろう」「お客さんから珍しい○○というお土産をいただいたのでラッキー！」などという書き込みもありました。どのような指導をすればよいでしょうか。

　いうまでもありませんが、仮に匿名アカウントであっても、パスワードをメモするなどして他人の SNS アカウントにログインし、問題のある発言を消したりすることは、不正アクセス禁止法に違反するものであり、絶対にやってはいけないことです。どうしてもチェックしたいのであれば、そのアカウントをフォローするという正面突破の手段によるのが適切でしょう。

　ところで、「ボスが出張だからヒマ」というような発言は、仮に事務所が特定された場合には、事務所の評価にも関わりかねないものであって、全く問題がないとはいい切れないところです。

　このような場合、見なかったふりをするのか、それとも単刀直入に発言を指摘して注意をするのかは、やや悩ましいところです。法律事務所では、事務員と弁護士の信頼関係が重要であることはいうまでもなく、悪気がなかったとはいえ、X というプライベートなツールでのやりとりをチェックしていたことを知らせることは、この信頼関係を損なうおそれがあります。したがって、筆者であれば、目に余る書き込み（Q88 参照）がなされているような場合以外には、具体的にツイートを指摘して意見を述べることは避けるだろうと思います。あくまで、「最近、他の弁護士から事務局での X 利用について問題になっていると聞いたことがあるけれど…」というように、一般論として問題となり得る例について説明する程度にとどめておくことも考えられます。

　なお、このような場合に備えて、事務所内でのルールを作っておいた方がよいことは前記のとおりです。ちなみに、極めてレアケースと思われますが、事務員が事務所名を明示して（あるいは事務所が推認可能な状態で）、第三者を誹謗・中傷したり、プライバシーを侵害するような書き込みを行ったりした場合には、それらが「事業の執行につき」なされたものであるとして、弁護士が使用者責任（民法 715 条）を問われる可能性もあり得ますので、その点も留意しておく必要があります。

Q91 事務員が実名で開設している Facebook のアカウントを見つけました。友達申請をしてコミュニケーションを図ろうと思いますが、問題はありますか。

A91　　事務所ごとにケースバイケースですが、上司からの友達申請はしない方がよい場合もあるので注意が必要です。

解説

　雇い主や上司、あるいは指導担当の弁護士から修習生へ友達申請がなされた場合、従業員や修習生としては、立場上、これを明確に拒絶することは難しい場面も少なくありません。本来であれば、友達申請を受け入れなくともよいでしょうし、逆に、友達申請を受け入れてもらえなかったとしても、そのことを人事評価としてマイナスに考慮することなどあってはならないことです。

　そうはいっても、友達申請を受ける側からすれば、断ることができない場合や、やむを得ず友達申請を承認してしまい、ストレスに感じる人も多いでしょう。Facebookなどでは、休日や余暇の活動などについて書き込みをしている人も多いので（例えば飲み会に行ったときの写真、旅行中の写真、友達の記念写真などをアップロードする人も多いようです）、上司や雇い主にそれを見られることについて抵抗感がある人も少なくないと思われます。前記のとおり、それをコントロールする手段もあるのですが、いざ、それを設定しようとすると面倒なものです。また、そういった操作に疎い人も多く、友達全員に公開されるという状態で使い続けている人もいます。

　また、Facebook上で友達になってしまうと、投稿に「いいね」を付けたり、コメントを付けたりすることが可能になります。そして、そのようなリアクションをした友達が誰かということも、すぐにわかる仕組みになっています。そうすると、従業員や立場が下の人から見れば、ボスが「いいね」を付けたりコメントを付けてきたりすることについて、監視されているようだとか、公私のけじめがなくなっているという感想を持つ人も多いと思います。

　このことは、友達としてつながっている上司の書き込みを見た（見せられた）場合にも起こり得ます。上司がした書き込みに「いいね」を付けないといけないのではないかというプレッシャーが生じたり、誕生日にお祝いのコメントをしないとまずいような雰囲気になったりするかもしれません。もちろん、上司としてはそんなことを気にしていないとしても、部下にはそのことがわからず、不安になるものです。

　こうしてみると、職場において上下関係にある場合には、上の立場にある者から下の立場にある者に対しては、友達申請をしないというのが無難であるようにも思われます。

　もちろん、一般的には、単に友達申請をすることが、それ自体、パワハラやセクハラの概念に該当するとはいえないと考えられますので、いったん友達申請をしてしまったのであれば、それを急いで取り消すことまでは必要はないと思われます。また、友達になることについて承認があった場合にも、事後的にこれを解消することまではしなくてもよいのではないでしょうか。

　ただし、事務員が友達申請に対して承認しない場合に、その理由をしつこく問いただしたり、そのことを理由として不利益な取扱いをしたりすることは、ハラスメントに当たる場合が多くなると考えられますので注意が必要です。また、前記のとおり、事務員の側としても、公開範囲を限定するなどして、プライベートな書き込みを雇い主に見せないように対策をとることもできますので、友達承認があったとしても、「最近更新していないね」などと尋ねることも、控えておいた方がよいのではないかと考えます。

2 | 司法修習生がSNSを利用するに当たって

Q92 司法試験に合格し、司法修習生として活動しはじめました。さっそく X を始めてみたいのですが、どのようなメリットがありますか。

A92 X には弁護士や裁判官、法律学者や修習生など、多様な人がアカウントを作って発言しています。気軽に交流できるツールとして便利です。

解説

X は一般の人もたくさん利用していますが、法曹三者や修習生、法律学者、ロースクール生や司法試験受験生など、法律に関連した仕事をしている人や興味を持っているユーザーも多くいます。こうした人たちは、相互にフォローしたり多くのフォロワーを獲得したりして、緩やかなつながりを持っています。このつながりを称して、「法学クラスタ（又は法律クラスタ。略して法クラ）」ということがあります。

まずは X に登録して、弁護士のアカウントをフォローしてみたり、気軽にリプライを送ってみたりして、法学クラスタの雰囲気を味わってみてはどうでしょうか。なお、鍵付きアカウントの場合には、フォローされていないアカウントにリプライを送っても届かない（相手のタイムラインに表示されない）仕様になっています。リプライやそれに対する応答を楽しみたいなら、匿名の公開アカウントを作ってみるとよいでしょう。

法曹三者は、例外はありますが、ほとんどはもともと司法修習生だった経験を持っています。修習生には後輩として厳しい言葉が送られることもありますが、修習期や現在の立場を超えて、有益なアドバイスをしてもらえることも多いと思います。

Q93 実際にアカウントを作ってみました。同期の修習生ともつながることができました。書き込みの際、気をつけることはありますか。

A93　慣れるまでは匿名アカウントにしておき、投稿内容も守秘義務違反にならないよう細心の注意をしてください。修習専念義務にも注意してください。

解説

　司法修習では、短期間にいろんなことを体験できます。大学生活やロースクールでの体験とは異なり、実際に動いている事件に直接関わり、事件処理の方法や各種の起案を学び、依頼者や関係者の生の声を聞くことになります。こうしたリアルな体験は、修習生にとっても非常に興味深いものとなるでしょう。したがって、司法修習によって体験したことを記念や記録のために SNS に投稿したくなることもあるでしょう。

　また、修習先の弁護士事務所や裁判所、検察庁の現実の実務や運営を知って、素朴な疑問を感じることも少なくありません。実務では必ずしも教科書そのままの運用がなされているとは限りません。また、訴訟手続や弁護士の仕事の進め方などには、それぞれの裁量や個性が大きく反映する部分であり、「なぜこのような扱いをするのだろう」「そのようなやり方は不適切ではないか」と疑問を感じることも少なくないと思います。

　そのようなときに感じた疑問を X でつぶやいてみることは、情報発信や情報収集として、便利で手軽に行えるものです。同期の修習生の中にも X をやっている人もいるでしょうし、X 上で交流している実務家や学者の先生に聞いてもらうつもりで、体験したことをポストしたいという場面もあると思います。

　このような場合に、必ず念頭に置いておく必要があるのは、司法修習生としての法律上の守秘義務を厳守すること（裁判所法 67 条 3 項、司法修習生に関する規則 3 条）です。アカウントが実名かどうか、プロフィール欄に修

習生であることを明記するかどうか、いわゆる鍵付きアカウントにして自身のポストを読むことができる人の範囲を限定しているかを問わず、そもそも守秘義務に違反する書き込みをすることは許されませんので、そのことは常に念頭に置いておく必要があります。たとえフォロワーがゼロという閲覧専用アカウントであっても、誤操作で鍵が外れてしまったり、誰かにスクリーンショットを撮られてしまったりすれば、たちどころに世界中に公開してしまうことになってしまうからです。

　また、司法研修所は修習生の X について、文書を作成又は取得しているようです。守秘義務については、司法研修所も一番気にかけていることと思われますので、特に注意が必要です。こうして考えると、修習の過程で知った事件や当事者のことや、弁護士会、裁判所、検察庁の内部での出来事について言及することは、原則として控えた方がよいでしょう。

　また、司法修習生は、法律上、修習専念義務（裁判所法 67 条 2 項）を負っています。裁判修習や検察修習においては、さすがに修習時間に X を利用することはないでしょうが、弁護修習は弁護士が出張していたりして自由になる時間も多いでしょうから、ついつい、投稿してしまうことがあるかもしれません。ただし、個別のポストにはもれなくタイムスタンプがつきますし、設定によっては位置情報も付けられます。そうすると、弁護士の通常の業務時間に修習生が投稿すれば、修習専念義務違反という指摘に反論することは難しくなるでしょう。したがって、原則として、自由研究日であっても、休憩時間を除いた修習時間中には利用しないことが必要不可欠です。

　また、司法修習生は、法曹の卵として一般の市民から期待されている面もあります。修習生自体の生活や活動の中身を知らない X ユーザーも多いので、法律問題やその周辺についての修習生の反応については、一般の市民のつぶやきよりは、より注目度が高いと考えておいてよいでしょう。司法修習生といえども表現の自由は保障されていますので、例えば、「死刑制度を存置するのはおかしい」「裁判員制度は廃止すべき」「貸与制は憲法違反だ」などという特定の法律制度について、一定の意見を表明することも本来は自由にできると考えられます。しかし、世の中のネットユーザーの中には、こう

した発言でさえも政治的中立性に問題があると受け取る人がいるということは、意識しておくべきだと思います。

　我々が知る限り、現在のところ、修習期間に行った SNS への投稿内容を理由として、司法修習生が何らかの処分を受けたというケースは報告されていません。しかし、気軽に行ったつもりの SNS 投稿で司法研修所等から注意を受けたり、一般のユーザーから問題視されたりするということになれば、楽しいはずの修習生活に多少の影響が生じないとは限りません。

　逆にいえば、これらの点に注意をしてさえいれば、SNS 上のやりとりに過度に神経質になることはありません。具体的な情報発信の仕方については、Q94 も参考にしてください。

Q94 **それでは、どの程度まで一般化したポストならよいのでしょうか。**

A94　本人としては一般論のつもりで発信している情報でも、周囲の人から見れば、発言の内容となっている事件や出来事が特定できてしまうことがあります。その判断はケースバイケースですが、本設問の解説を参考にしてください。

解説

　ポスト（投稿内容）と守秘義務の関係については、考えていくと難しい問題が多いことは、この本でも多くのページを割いて述べているところです。弁護士にとって守秘義務違反となるような書き込みについては、当然、司法修習生にも当てはまるところがほとんどだと思いますので、迷うようなことがあれば、本書をよく読んでみてください。

　もっとも、弁護士は全国の津々浦々で活動していますし、実際の弁護士数も修習生の 20 倍以上は存在しています。X ユーザーの数を実際に分析したことがありませんが、やはり修習生のアカウントの方が、弁護士のアカウントよりは圧倒的に少ないと思われます。そうであれば、弁護士よりも修習生の方が特定は容易だと思われます。もちろん、修習生の名簿は外部に出回っ

ているものではない（これに対して、弁護士名簿は各地の単位会や日弁連の
ウェブサイトで公表されています）のですが、修習地がわかってしまうと、
少なくとも現地の法曹関係者にはいわゆる「身バレ」の可能性も高くなりま
す。そうなると、一般論として述べたつもりの発言が、特定の事件のことで
あると推測され、守秘義務違反の問題になりかねない危険があります。特に
受験生時代から引き続いて同じアカウントを利用している場合には、司法試
験合格や修習地決定の前後に、現在の居住地域や修習地について、思わずつ
ぶやいてしまうことがあると思います。特に修習生の配属数が少ない修習地
に決まった場合には、地域事情について公開設定のまま書き込むことは避け
た方が無難だと思われます。

　そして、修習地がわかってしまえば、修習によって知った実務の扱いなど
を書き込むと、守秘義務違反やプライバシー侵害のおそれが高くなります。
例えば、「最近驚いたんだけど、被害金額が数千万円にのぼる業務上横領事
件で、親が全額を被害弁償したので起訴猶予になった事例もあるようだ。こ
ういうことは、よくあるの？」というような書き込みはどうでしょうか。

　一見すると、単なる検察実務上の取扱いを聞いているような質問に見えま
す。しかし、「最近驚いた」というフレーズがあれば、修習生が身近に関わ
った事件であることが想起されますし、修習地がわかれば、その地で起きた
どの事件のことを指しているのか、関係者にはわかってしまう可能性があり
ます。また、「被害額が数千万円」という規模の大きな事件であれば、逮捕
時等に報道等がなされている可能性もありますし、被害者が見れば、自分の
事件であると気づく可能性もあります。「…のようだ」という伝聞の形式を
採っていても、特定の事件がベースになっているという点で、守秘義務違反
を問題にされる余地はあるでしょう。

　そうすると、そのような実例があったこと自体を発言の中にダイレクトに
書くのではなく、「業務上横領で起訴猶予になるのはどのくらいの被害額の
場合かな？」というような発言で止めておき、実例に言及することは控える
のが無難であるといえそうです。また、それについて、「ぼくの経験したケ
ースでは…」とついついリプライしてしまいそうになる気持ちは十分にわか

りますが、短い修習期間で経験できることは限られていますので、そのような反応はやめておいた方がよいと考えます。

Q95 オフ会とは何ですか。修習生も参加してよいといわれたので、行ってみようと思いますが、何か注意した方がよいことがありますか。

A95 オフ会は楽しい集まりになることが多いので、興味があれば参加してみてもよいのではないでしょうか。ただし、ハメを外して守秘義務違反にならないようにしてください。

解説

　SNS のアカウントを持っている人たちが、現実生活の場面で知り合い同士であることも多いのですが、特に匿名アカウントの場合などは、全くお互いの本名や生活地を知らないままで交流が続くこともあります。

　そこで、ネット上での知り合いが特定の場所に集まって交流するという会合が企画されることがあります。これがいわゆるオフ会です（オフラインミーティングのこと。通常、オンラインでやりとりしているメンバーが実際にネットを介さずに会合を持つことから、このように呼ばれます（COLUMN 2 参照））。オフ会では、主催者の呼びかけ次第で修習生でも参加できることがありますし、会費型の場合には、修習生や若手弁護士は参加費用が格安に設定されることも多いでしょう。多様な人とリアルで知り合いになることや、そこで様々な情報交換をすることは、ネット上だけでのつながりでは得られない体験となるでしょうから、機会があれば参加してみてもよいと思います。実際に、ネット上での関係から結婚や就職につながった弁護士もいますので、人とのつながりを現実的なものとするチャンスともなり得ます。

　また、弁護士が主催者となるようなオフ会では、参加者のほとんどは弁護士や修習生でしょう。それぞれに守秘義務があることから、つい気を許してしまい、ネットでは書けないような裏話をしたり聞いたりすることも多いと思います。それもまた、オフ会の醍醐味の1つです。

　ただし、あくまでリアルの世界で話をしているのであれば、周囲に法曹関
係者以外の人がいるということを忘れないでください。飲食店であれば、個
室であっても、その声は外に伝わるでしょう。また、そこで聞いたことを
X で公開してしまうと、前問と同じように、守秘義務違反の問題が生じか
ねないところです。

　また、匿名アカウントで SNS を利用している場合に、オフ会で知り合っ
て名刺交換などをしてしまうと、ネット上の名前（ハンドルネーム）とその
人の実際の氏名が明らかになります。これをうっかりネットに書いてしまう
人はいないでしょうが、ふとしたツイートで「そういえば○○先生って、中
国地方の登録なんですよね」と書いてしまったり、年代や性別を特定するよ
うな書き込みをしたりするだけでも、不快に思う人もいると思います。オフ
会でだけ知り得た情報は、ネット上ではオープンにしないことは、守秘義務
以前の問題として、肝に銘じておくべきでしょう。

Q96 このたび実務修習の 1 つとして当法律事務所に司法修習生が配属さ
れることになりました。修習生の SNS 利用について、何か注意をす
る必要がありますか。

A96　　Q93 に記載したとおり、修習生には守秘義務が課せられています。
　　指導担当としては、修習開始や修習中にアドバイスをすることが不可
　　欠でしょう。

解説

　我々弁護士にも X ユーザーが増えているように、修習生にも X ユーザー
が増えていると推測されます。特に若い年代の修習生は、修習生になる以前
からプライベートでも X を利用していることが多いでしょうし、プライベ
ート用と修習生としての情報交換用など、いわゆる複数アカウントを持って
使い分けているユーザーも多いと思われます。

　したがって、修習の始まりに当たって、指導担当弁護士としては、SNS

の利用方法について、この本を参考にするなどして、一般的なアドバイスを
しておくのがよいでしょう。特に、弁護士数が少ない地域や、ある分野に特
化した業務を行っている場合、地域の中でも他の事務所と比較して特に弁護
士数が多い事務所など、特色のある事務所運営をしている場合には、修習生
の何気ないつぶやきでも事務所が特定され、そのつぶやきから事件や関係者
の特定がされるおそれがあります。「当地で最大の事務所」とか「企業法務
に特化している」「刑事事件メインの事務所です」「自治体の顧問をやってい
るようだ」などと修習生がつぶやいてしまえば、どこの事務所かということ
は、すぐに特定されてしまいかねません。ですので、守秘義務に関する注意
は必ず行っておくべきでしょう。

　また、修習生は、修習だけを行っているものではありません。プライベー
トな時間に飲食や旅行をすることもあれば、就職活動で他の事務所を訪問す
ることもあるでしょう。社会人としてマナーを守って行動することは当然で
すが、もし、プライベートな時間であっても、常識を欠いた言動や違法行為
があったとすれば、いわゆる炎上現象が生じることもあります。夜の飲食店
で酒に酔い、一般市民に対して、「司法修習生であるオレ様に向かって生意
気なことを言うな」というような発言をして、そのことが X に書き込まれ
るなどして物議を醸したこともありました。

　いったん炎上的な出来事が起きると、その当時は問題があると思われなか
った過去の投稿内容が発掘されるなどして、修習生の身元が特定されたり、
修習地の他の修習生や担当弁護士に迷惑をかけたりしかねません。

　修習生が SNS を利用することを過度に牽制したり萎縮させたりすること
は、適当ではありませんが、弁護士自身が SNS を積極的に利用していない
場合には、そもそも SNS とは何であるのか、どのような書き込みが適切で
はないとされるのか、ピンとこないこともあるかもしれません。その場合に
は、周囲の若手の弁護士や弁護士会の広報のために SNS を担当している弁
護士などに聞いてみるのがよいかもしれません。

第5

弁護士の情報管理

1　従前から指摘されている情報管理

Q97 弁護士が業務に当たり秘密を保持する義務として気をつけておくべきこととして、これまでどのような点が指摘されていましたか。

A97　記録の保管や管理、スケジュール管理、記録の共有に当たって、紛失しないようにしたり、第三者の目に触れないようにしたりする配慮が必要であると指摘されていました。

解説

（1）記録の保管と管理について

　近年、電子メールやポータブルパソコン、タブレット端末などが弁護士業務にもおなじみの道具になりました。コロナ禍を契機として、裁判の IT 化も加速度的に進んできました。しかしながら、依然として裁判記録は紙媒体で裁判所に提出され、保管されるのが原則となっています。弁護士の多くも、事件記録をプリントアウトしたものをファイルに綴じ（又は事件記録袋に入れ）、事務所に保管し、裁判所や打合せに持って行くのが、まだまだ日常の光景でしょう。スケジュールについても、スマートフォンなどの端末からクラウドで予定を記録するようにしている弁護士が増えてきましたが、依然として「訟廷日誌」「弁護士日誌」などの手帳を使っている弁護士も多いところです。

　これらの紙媒体の情報管理については、以前から、特に弁護士に求められる注意事項が指摘されています。守秘義務の徹底、依頼者・関係者等のプライバシー保護の必要性は、インターネット時代以前から変わりません。

　ファイルに綴じられたり記録袋に入れられたりした事件記録の情報管理については、まずは他の事件の記録が紛れ込まないようにすることが肝要です。一度他の記録に紛れ込んだ文書は、なかなか見つからないからです。ま

た、ファイル自体を紛失しないように、事務所内では決まった保管場所に置くこととし、持ち出しは最小限にとどめるに越したことはありません。自宅での業務や直行・直帰などの際に記録を紛失する危険が高まるので（記録紛失による戒告例もあります）、特に飲酒を伴う会食などに事件記録を持って行くことは可能な限り避けた方がよいでしょう。

　ファイルや記録袋の背表紙には依頼者・相手方・事件名などを記載することが多いため、事務所においては打合せスペースで他の依頼者から見えるような保管の仕方をしないように注意しなければなりません。最近では、Zoom などのオンラインによる会議やウェブ期日も増えてきました。執務スペースでそれらに参加する弁護士も少なくありません。そのような際に、うっかり記録が画面に映りこまないよう注意をする必要があります。Zoom 等では、アプリごとに背景画像を設定し、又は背景にぼかしを入れる機能もありますので、そうした機能も試してみるとよいかもしれません。

　記録を持って外出するときには、口の閉じる鞄を用いるのでなければ、ファイルの背表紙が鞄の口から見えるような入れ方をしないようにする気遣いも必要です。もちろん、公共交通機関の中で記録を広げて仕事をすることは、可能な限り控えなければなりません。長距離移動の際も、新幹線の普通車で隣に第三者がいる中で記録を読むことは適切ではないでしょう。普通車ではなくグリーン車で隣に第三者がいないときには記録の検討も許されるという考えもありますが、グリーン車といえども通路を第三者が歩くので、やはり新幹線車内で事件記録を見るのは不適切である、という指摘もされています。パソコンやタブレット端末を開いて仕事をする弁護士もいますが、この場合も、のぞき見防止フィルムを貼るなど画面を無関係な第三者にのぞき見られて秘密が漏えいしないように配慮しなければなりません。

　手帳の記載については、依頼者名などを曖昧に記載しておくという弁護士もみられます。これは、万一手帳を落としたときに、手帳の記録のみから依頼者の特定や事案の特定をされて秘密情報が漏えいしないように、予防しておこうという趣旨のようです。もっとも、あまりにも曖昧な記載では、自分が予定を見たとき、あるいは後日振り返る必要があるときに、用をなさない

可能性もあります。この対策には独自の工夫が必要と思われますが、フェイルセーフの観点からは一定の有益性があります。

（2）その他の生活上の留意点

　事件記録は紙やデジタルデータのみで記録されているものばかりではありません。弁護士個々の記憶の中にも事件に関する情報が記録されています。弁護士が複数人集まれば、手持ちの事件に関する悩みを相談したくなるものです。飲み会をしている飲食店や、電車やバスの車内など公共スペースでこのような相談をするときには、固有名詞や特定の事件を推知させるような情報を口に出さないようにすることはもちろんですが、周囲の環境を踏まえて、そのような話題自体を控えるべき場面も多いでしょう。弁護士が思っているよりも、社会一般からみた弁護士の話題は殺伐としていて、耳にするとギョッとするような内容であることを留意しておかなければなりません。刑事弁護の話をしているつもりでも、「最近、性犯罪やってる？」「いや、覚せい剤くらいだね」という会話を電車内で聞いた一般の方は、とても驚くでしょう。

　記章（バッジ）を着けて外を歩くときには、より注目されるので、発言には気をつけるようにしておきたいところです。事件の話題を避けていたとしても、その場にいること自体が品位の疑いを持たれるような場所や、品位のない振る舞いをするところでは、バッジを着けないようにすることで、弁護士全体への信頼を保護しつつ、個人の自由な活動を守ることになるのではないでしょうか。また、街で知らない人と一緒にいる依頼者に出会ったときに、弁護士の側から挨拶をするかどうかも、気を遣うべきです。一般的には（特に高齢者や地方の古典的な感覚では）、もともと弁護士に知り合いがいそうにない人が「弁護士を知っている」ということだけで、その人が何らかの紛争やトラブルを抱えていて弁護士に相談しているのだ（しかもその人にとってネガティブな評価を伴うことになります）と推知させてしまうことになるからです。

2 | インターネット時代の弁護士の情報管理

（1）事件記録の管理・情報の共有について

Q98 インターネット上で事件記録の管理をしたり共有をしたりするとき
に気をつけておくべきことがありますか。

A98 　漏えいを防ぐために、サービスの内容をよく知っておき、ミスがあ
ることを前提にセキュリティを考えておくべきです。

解説

　電子データを用いて、さらにこれをクラウドに保存したり電子メールでや
りとりをしたりすることによって、場所にとらわれずに業務を行うことがで
きるようになります。複数の拠点がある弁護士法人では、そもそもこのよう
にしてデータを共有する必要性が高いでしょうし、他の事務所の弁護士と共
同で受任するときにも便利です。また、出張先などで参照したり起案したり
することができる利点もあります。業務を効率化することができ、利便性は
高くなります。一方で、電子媒体は紙媒体に比べて情報の拡散が容易で、い
ったん流出すれば回収も困難になりやすいものです。取扱いには細心の注意
が必要です。過去に流出してしまった事例（ヒヤリ・ハット事例）の経緯や
原因、使用するサービスの仕組みなどを十分に理解しておくことも重要で
す。

Q99 Word ファイルを別の弁護士や依頼者とやりとりするのではなく、
PDF ファイルのやりとりにした方がよいことがありますか。

A99 　文書の編集履歴やコメントなどを残して双方で作業をするのであれ
ば Word ファイルの方が使い勝手がよいですが、あえて送り先に変更

をされづらいように提供したいのであれば PDF ファイルにして送る
ことも考えられます。とはいえ、両者に決定的な差異はありません。

解説

　Word ファイルや Excel ファイルを事務所内で弁護士が共有するだけでな
く、他の事務所の弁護士や依頼者、他の専門家などとやりとりする場合があ
ります。裁判所から準備書面や別表などのデータを求められて提出すること
もあります。このような場合、特に編集の権限に配慮する必要がなければ、
特に制限を加えないもともとの Word ファイルや Excel ファイルでデータを
やりとりする方がよいものと思われます。受け取った側も、そのままソフト
ウェアでファイルを開き、編集やコメントを付すなどして返送したり、保存
したりすることが可能となります。近年の企業間の契約交渉では、契約書な
どの合意文書の作成に当たり、双方当事者が Word ファイルの変更履歴を記
録したりコメントを付したりしながら、お互いにアップデートしたファイル
のキャッチボールをして、合意に至るまで文書の編集をしていくことが一般
的に行われています（まれに、相手方に気づかれないように変更履歴の記録
をせず一部だけ自己に有利な変更を行う法務担当者もいるようですが、契約
交渉における当事者間の信義則に反する行為ということができるのではない
でしょうか）。

　なお、最近ではクラウド上に置かれたドキュメントを双方当事者が交渉し
ながら共同で編集する方法で合意文書を作成していく方法も採られることが
増えつつあるようです。また、デューデリジェンスの実務においても、セキ
ュリティを強化したクラウド上の「バーチャルデータルーム（VDR）」とい
うスペースに開示情報を集約して情報の提供・共有や調査をする方法も採ら
れることがあるようです。セキュリティを重視する観点からは、メールにフ
ァイルを添付して機密文書をやりとりする手法は誤送信のリスクがあるた
め、長期的にみると減少していくものと思われます。

　変更履歴を記録した状態のファイルをやりとりした場合であっても、最終
的に合意に至り調印された契約書などの合意文書が、両当事者の意思が合致

した内容を示すことになります。特に、いわゆる完全合意条項を含む契約書であれば、交渉経緯を考慮しないのが原則となります。しかし、そのような合意がなく、又は合意にとらわれずに契約当事者の合理的意思解釈をすべき場面では、後に紛争となった場合に合意文書の解釈が問題になることがあります。その際、契約交渉中の協議内容や修正履歴が参考にされることもあり得るのではないでしょうか。契約交渉中の経緯を参考にされたくない当事者は、修正履歴やコメント等は合意文書の文言の解釈に影響しないと主張し、他方の参考にしたい当事者は契約当事者の合理的意思解釈のために修整履歴やコメント等が有用な資料であると主張することが考えられます。

　一方、文書の内容を固定したまま改変されたくないときには、PDF ファイルで送信することも考えられます。PDF ファイルは、Word や Excel のような文書作成用のソフトウェアから電磁的に作成することもできます。Word や Excel の文書は、ソフトウエアのバージョンや OS の違い、インストールされているフォントの違いなどから、作成者の意図しないレイアウトになってしまうこともしばしばあります。そうした場合に、見た目のレイアウトを固定しつつ、相手による勝手な編集を避けるという意味で、PDF ファイルを利用することも多いようです。

　いったんプリントアウトした文書をスキャナーで読み取った PDF ファイルは、(通常は) 文字情報が記録されておらず、コピー＆ペーストによって利用されづらいものとなります。もっとも、近年では OCR の精度が向上していますので、OCR 処理をすることによって、文字情報を取得される可能性もあります。また、PDF ファイルであっても、専用のアプリケーションを用いれば、編集・追記などをしたうえで新規の PDF ファイルを作成することも可能です。

　つまり、Word ファイルはパスワードにより編集できない状態にしない限り、作成者の手を離れた後に変更することが容易ですから、作成者の意図しない改変をされることがあります。PDF ファイルや、第三者が編集できない状態にした Word ファイルは、そのまま改変しづらいものの、やはり内容を変更した複製は可能です。いずれにしても、電子データは、特別な認証を

付さない限り、改変や偽造をすることも容易である媒体としての信用性しか持ち合わせていない、ともいえます。求められる利便性や利用目的に応じてファイル形式を使い分ければよいと思われますが、一般的には、特に送信先での編集を一切許さない意図を添えて送る必要がなければ、編集に制限を付していない Word ファイルでのやりとりをするのが常識的であるといえます。

なお、Excel ファイルについても、編集やコピー & ペーストの制限を加えることが可能です。

Q100 他の事務所に所属する弁護士と共同受任をするときなど、複数人で共通の文書を編集するときに便利なツールやサービスはありますか。

A100　少人数であれば、都度、複数送信の電子メール等でデータを送受信することも考えられますが、誤送信や、最新のファイルがどれなのか把握しておく注意が必要です。人数が増えれば、同時に 1 つの文書を編集できるようにクラウドサービスを利用するのが便利でしょう。クラウドサービスでも共有範囲のコントロールが重要となります。

解説

電子メールの普及に伴って、1 つの文書を複数の弁護士が共同で作成したり、原稿のチェック・校正や提出を求めるために共有したりするときには、電子メールが利用されることが一般的になりました。誤送信の防止や、共有範囲の管理のため、小規模なメーリングリスト（「ML」と略されることがあります）を構築することも考えられます。メーリングリストとは、メールアドレスを登録されたメンバーの 1 人が指定されたアドレス宛てにメールを送ると、そのメールがすべてのメンバーに自動的に転送・配信されるシステムです。メールはもともと 1 対 1 の連絡手段ですが、宛先を複数にすることもできます。常にメンバー全員をメールの宛先にしてやりとりすることで、メーリングリストと同じ機能を持たせることはできますが、メンバーの追

加・削除などにかかわらず1つのメールアドレスを投稿受付・配信用に用いることができるのが、メーリングリストの利点です。

　メーリングリストを利用しているときに頻繁に起こる送信ミスとして、メーリングリストに参加している個別の弁護士にメールをしたつもりで、メーリングリストに投稿してしまうという事故があります。これは、メーリングリストの投稿（単純に返信をすると投稿がされてしまう）で配信されてきた受信メールを自動的にフォルダ分けする設定によりわかりやすく区別しておくことで予防することも可能です（メーリングリストの配信がされるときは、メールの件名に特定の文字列が付加されます。この文字列を含むメールや、発信メールアドレスが当該メーリングリストからのものであるメールを、自動的に特定のフォルダに振り分けする設定が可能です）。また、メール本文でも秘密情報を記載して誤送信してしまうことがあり得ますので、送信先を慎重に確認することは常に必要です。しかし、それでもミスを犯してしまうことがありますので、そのときのフェイルセーフとして、添付ファイルにはパスワードを設定しておくことが予防策になります。

　このほか、一般的にメーリングリストを利用するときの留意点については Q101 を参照してください。

　ファイルサイズが大きすぎる場合には、データファイルを電子メールに添付できないことがあります（おおよそ 1MB を超えるファイルは、古いメールサーバの設定では受信できない設定になっていることがありますので、避けるのがマナーではないでしょうか）。大きすぎるファイルを送付するために、一時的な保管場所（ストレージ）として、Firestorage などのサービスが利用されています。保管場所の URL を知っている者だけがファイルを数日間だけ取り出すことができるようになっています。これらのサービスでは、アクセスにパスワードを設定することができます。指定の URL がわからなければファイルにアクセスできないのですが、URL が漏れればファイルの内容も漏れることになりますので、漏えいを防ぐ必要のあるファイルを保管するときにはセキュリティとしてパスワードを設定しておくべきです。

　このように、電子メールは広く利用されてきましたが、電子メールでのフ

ファイルのやりとりでは、誤送信による漏えいの危険が常に伴います。また、複数人が同時に1つのファイルを編集していると、別内容の最新のファイルが複数発生する支障もあります。そこで、近年のクラウドサービスの発達に伴い、電子メールでのファイルの共有は選択肢から外れつつあるといえるでしょう。

ファイル共有のためのクラウドサービスでは、Dropbox、Google ドライブ、OneDrive が利用されている率が高いように思われます。これは、クラウドに個人的又は共通のフォルダを設けるような形態のサービスであり、許可された範囲内でファイルにアクセスすることが可能です（指定したフォルダを不特定に公開する設定も可能ですから設定に注意が必要です）。

クラウド上のファイルを共有する複数人が同時に編集加工することのできるサービスとして、Google の提供している Google スプレッドシート、Google ドキュメントなどのアプリケーションがあります。同時に文書の編集ができると非常に利便性が高くなりますので、このほかのクラウドサービスでも、積極的に機能が提供されていくものと思われます。

クラウドサービスにおいても、電子メール添付の方法と同様に、その情報管理に留意する必要があります。さらに、共同利用者との間で、データの利用方法や保管方法を共通化しておくことが必要です。セキュリティのレベル感について関係する全員で共通の知識と意識を持っておかなければ、1人がセキュリティのレベルを落としてしまうとそこから流出の危険が生じます。

なお、無料あるいは極めて廉価なサービスでは、利用開始の際の約款において、データの内容を分析することについて承諾させられることが多いようです。これらのデータの分析は、分析するサービス提供企業及びその委託先企業において秘密管理されるとはいえ、リスティング広告などに利用されたり、提携する別のサービス提供事業者に第三者提供されたりすることもあります。第三者提供についても約款において承諾をしたことになっており、あるいはアプリケーションの初期設定でこれを許可する設定になっていることが多く、これを止めるためにはオプトアウトの手続あるいは設定変更をすることになります。日弁連の情報セキュリティガイドライン（Q12 参照）で

も、このようなサービスを利用することは不適切であるとされています。一方、有料の契約をした場合には、使用できる容量が増えるほか、内容の分析については行わないこととしているサービスが多いので、費用を払ってセキュリティと機能性を高めたサービスを使うようにしたいところです。

　クラウド上に保存しているファイルについて、さらにバックアップをとっておく必要性があるかどうかについては、様々な考え方があります。バックアップをとる場所によりますが、例えば手元の個別端末のハードディスクにバックアップをするのであれば、そのバックアップ行為によって秘密情報を保存する場所を増やすことになるので、情報流出のリスクを高めるといえます。大手のサービス提供者であれば、サービス提供者側のミスあるいは天災等によってデータが消滅してしまう可能性は極めて低いので、バックアップの必要はないと考えることも可能です。心配であれば、適切に定期的なバックアップをとり、そのバックアップファイルには十分なセキュリティ対策を施すことが必要です。

（2）メール・メーリングリストについて

Q101 依頼者に電子メールで添付ファイルを送るときには、データにはパスワードを設定した方がよいですか。弁護士間のメール送信やメーリングリストへの投稿の場合はどうでしょうか。

A101　依頼者（特に会社）によっては、添付ファイルに必ずパスワードをかけていることがあります。そのような依頼者は、弁護士からの送信ファイルにもパスワードをかけることを期待していることが多いと思われます。パスワードをかけた方がよいかどうか確認をして、そのとおりにするべきであろうと思いますが、相手がパスワードをかけているときにはかける、かけていないときはかけないという対応をしながら様子をみることも多いようです。弁護士間でのやりとりも同様です。

解説

　電子メールの添付ファイルには、パスワードをかけておいた方が、誤送信が発生したときの被害が小さくなります。企業によっては、添付ファイルがあるときには必ずパスワードをかけなければならなかったり、電子メールシステムによって自動的にパスワードが付されたりすることがあります。そのような依頼者は、弁護士からの送信ファイルにもパスワードをかけることを期待していることが多いといえます（もっとも、会社のシステムによってパスワードがかけられるものの、受信メールについて個々の従業員はパスワードがない方が楽だと思っていることもあります）。弁護士からファイルを送信するに当たっては、最初に送るときか、何らかの指摘を受けたときに、パスワードをかけた方がよいかどうか確認をして、そのとおりにすべきでしょう。相手がパスワードをかけているときにはかける、かけていないときはかけないという対応をしながら様子をみる、という対応をしている弁護士が多いようです。弁護士間でのやりとりも同様です。メーリングリストで添付フ

ァイルを送るときにパスワードをかけることにするかどうかについては、利用者で決めておくべきです。パスワードを設定するときには、1つのプロジェクトに1つの共通のパスワードを設定しておくのが一般的です。また、せっかく添付ファイルにパスワードをかけるのですから、メール本文については誤送信による漏えいが生じても損害が最小限になるよう、あまり詳細な秘密情報の記述をしないように気をつけます。

なお、パスワードをかけた添付ファイルを送信した直後に、同じメールアドレス宛てにパスワードを伝えるメールを送ることが、しばしばみられます。これでは、宛先のアドレス自体が誤っていたときに、パスワードも誤った宛先に送ってしまうことになりますので、せっかくのセキュリティ対応に意味がありません。パスワードは、別の方法（電話、口頭、ファクシミリなど）で取り決めて共有しておくことが望ましいのですが、せめて、メールアドレスを再度入力した別メールでのパスワード送信を心掛けるのがよいでしょう。

また、メーリングリストは1つのファイルを複数人で編集する作業でのファイルの共有には適さないうえ、誤送信の懸念がありますので、今後は、そのような共同編集のためにはクラウド上に置かれたファイルを各自直接編集する作業形態が増えるものと思われます（Q100参照）。

Q102 弁護士のみがメンバーとなっているメーリングリストでは、ざっくばらんに事案の相談をしてもよいでしょうか。

A102　参加者が少数特定のメーリングリストでない限り、無限に拡散していくことも想定して利用すべきでしょう。

解説

弁護士向けに、分野ごとに事件の相談ができるメーリングリストが複数、長年にわたって利用されています。代表的なものとして、日弁連の消費者問題に関するメーリングリスト（cam（カム）といわれることがあります）、

刑事弁護フォーラムの全国的なメーリングリスト、渉外家事事件に関しては外国人ローヤリングネットワーク（LNF）の会員メーリングリスト、全国倒産処理弁護士ネットワーク（全倒ネット）のメーリングリストなどに、全国の多数の弁護士が参加しています。また、各単位会や大規模会の派閥ごとに、分野別の相談ができるメーリングリストが設置運用されていることもあります。これらのメーリングリストには多数の弁護士が参加しており、他の弁護士による質問と応答を見ているだけでも有益な情報が得られるものです。一方で、参加者の名簿が明らかにされているものは少なく、相手方代理人あるいはこれに将来就任するかもしれない弁護士が参加している可能性があります。日弁連 cam などでは、消費者向けサービス事業者側（例えば消費者金融など）の代理人となっている弁護士も参加することも排除されておらず、参加していることについて注意喚起がされています。このことについて留意したうえで、質問を抽象化するなど考慮したり、得られた知見に基づく業務の方針について書くことを控えたりしなければなりません。

　相手方代理人がメーリングリストに書いていた内容を参考に、受任している事件を有利に進めることは致し方ないところもありますが、相手方の見解を論難するためにメーリングリストでの議論をプリントアウトしたものを証拠として提出したりするのは、メーリングリストでの自由な議論を阻害したり、双方当事者に不信感を与えたりするおそれもあるので、可能な限り控えるべきではないでしょうか。

　なお、電子メールソフトでメーリングリストへの返信メールを作成しようとすると、一般的な設定では、メーリングリスト全体のアドレスを返信先としてメールが作成されます。そのため、メーリングリストの参加者の1人に対して、受信メールからの返信メールを作成すると、個別の返信をするつもりであったのに、誤ってメーリングリスト全体に投稿をしてしまうことになりますから注意が必要です。このような誤送信の予防については、メーリングリストからの受信メールを自動でフォルダ分けする設定をしておくのが、万全ではありませんが有用です（Q100 参照）。

裁判例紹介

文書作成者自身が投稿した文書の写真を、第三者がコメントを付して投稿した行為の著作権侵害性

知財高判令和 5 年 12 月 13 日裁判所 HP／令和 5 年（ネ）10082 号〔28322463〕
【原審】東京地判令和 5 年 7 月 6 日判タ 1515 号 248 頁／令和 5 年（ワ）70144 号〔28320237〕

事案の概要

　司法書士である控訴人は、令和 2 年 9 月 3 日頃、控訴人が申し立てた発信者情報開示仮処分命令申立事件に係る申立書類一式を iPhone で撮影し（本件写真）、同日、本件写真とともに「発信者情報開示仮処分命令の申立をまた行いました　月曜日に債権者面接。明日は YouTube 動画とコメントで開示したいものがあるため Google 社に申立予定です。もう少し勉強させていただき、匿名による誹謗中傷に困っている方に情報提供したり、書類作成をしてあげたりと出来るようにいたします。」との文章を Twitter に投稿した。

　氏名不詳者（発信者）は、令和 2 年 9 月 4 日、本件写真とともに「申立を行ったというツイートで掲載している画像。申し立てをしたというなら、受付印を受けた控えの画像が出てくるのかと思ったのだが。」との文章が記載された投稿（本件投稿）をした。

　控訴人は、発信者の本件投稿により、控訴人の著作権及び著作者人格権が侵害されるとともに、控訴人の名誉権が侵害されたと主張して、インターネット接続サービス事業を運営する株式会社である被告に対し、プロバイダ責任制限法 5 条 2 項に基づき、発信者情報開示命令の申立てをした。しかし、この申立ては却下されたため、控訴人は、同法 14 条 1 項に基づき、異議の訴えを提起した。原決定を認可（≒請求棄却）したため、控訴人が控訴したのが本件である。

（1）本件写真の著作物性について

まず、裁判所は本件写真の著作物性について判断した。

本件写真は、発信者情報開示仮処分命令申立事件に関する申立書及びこれに関する書面を iPhone で撮影したものであるところ、その内容は、「管轄上申書」と題する書面等を重ねたうえ、若干斜めに「発信者情報開示仮処分命令申立書」と題する書面を重ね、ほぼ真上からこれを撮影したものであり、本件写真の左右には余白があるものの、上記各書面は本件写真の大部分を占めており、そのほとんどの部分が写真の枠内に収まっていることが認められる。

上記認定事実によれば、本件写真の構図は、書面等をその大体の部分が写真の枠内に収まるようにほぼ真上から撮影するというごくありふれたものであり、光量、シャッタースピード、ズーム倍率等についても、控訴人において格別の工夫がされたものと認めることはできない。

そうすると、本件写真は、ありふれた表現にとどまるものであるから、控訴人の思想又は感情を創作的に表現したものとはいえず、本件写真が著作物に該当するものと認めることはできない。

（2）引用について

また、仮に著作物性を有するとしても、下記のとおり、著作権法 32 条 1 項の規定に基づき適法な引用であるとした。

本件写真は発信者情報開示の仮処分命令を求める民事保全手続に係る申立書等を撮影したものであり、本件投稿が、本件写真とともに「申立を行ったというツイートで掲載している画像。申し立てをしたというなら、受付印を受けた控えの画像が出てくるのかと思ったのだが。」との文章を投稿するものであることからすると、本件投稿は、控訴人が、上記民事保全手続の申立てをした旨投稿しているのに、同投稿に付された本件写真に「受付印」がないことを批評する目的で本件写真を利用したことが認められる。そうする

と、本件投稿において本件写真を示すことは、批評の対象となった投稿の内容を理解するに資するものといえるから、本件写真の利用は、批評の目的上正当な範囲内で行われたものといえる。

　また、本件写真の撮影者は控訴人の投稿では明示されていないため、本件写真のみをもって撮影者が控訴人であると当然に推認することができるわけではないが、「申立を行ったというツイートで掲載している画像。」と本件投稿に記載されていることから、この文章の内容と、本件写真に写されている債権者が控訴人である事実と合わせれば、本件投稿の閲覧者は、本件写真は控訴人が Twitter に投稿したものであると理解することができる。したがって、本件投稿においては、本件写真の出所が、発信者が本件投稿を行った際に元の著作物にたどり着くことが可能な程度に示されていたと評価することができる。その他に、本件投稿の内容、批評の目的、本件投稿への添付に当たって本件写真が改変されていないことも考慮すると、本件投稿における本件写真の引用の方法及び態様は、公正な慣行に合致したものであるといえる。

> **コメント**
>
> 　X（旧 Twitter）に投稿された写真の引用について、写真自体に創作性がなく著作物性が否定されたうえ、元の写真にたどり着くことが可能な程度の出所表示により引用としても適法とされた事例として参考になる。

参考 ☞ Q80

2 法人による名誉毀損

東京地判令和 5 年 10 月 16 日判タ 1521 号 188 頁／令和 3 年
（ワ）25884 号〔28322470〕

事案の概要

　X らは参議院議員として活動していたところ、何者かが Twitter に開設
したアカウント（本件アカウント）から、X らが財務省の職員を 1 時間に
わたって吊るし上げ、その結果、職員を自殺に追い込んだとする記事が投稿
（本件投稿）された。X らが本件アカウントへのログインに関する情報の開
示を受けたところ、本件アカウントへのログインには、Y 社が Y 社所在地
において使用していたインターネット回線が用いられていることが判明し
た。そこで、X らは、本件投稿は Y 社がその業務としてなしたものであり、
Y 社の代表取締役である C 及び取締役である D が、被告会社の業務の執
行として、自ら又は第三者をして行ったものであると主張して、Y、C、D
に対し、不法行為責任に基づき損害賠償請求をするとともに、本件アカウン
トからの本件投稿の削除、謝罪広告の掲載を求めた。

判示事項

　本件アカウントへは、約 2 か月の間（この間の平日は 48 日）のうち、37
回にわたり、Y 社回線を用いてログインが行われ、本件投稿も、Y 社回線
を用いてログインしたうえで行われたものとみることができ、投稿は Y 事
務所に滞在した Y 社の役員又は従業員により行われたものと認められる。

　また、この間の投稿の多くが平日の午前 9 時から午後 10 時までの間に行
われていること、本件アカウントによる投稿は、短時間のうちにニュース動
画を適当な長さに編集するなどして行われていることなどの事情から、本件
投稿者は、Y 社における業務時間の大半を、専ら上記記事の投稿のために
充てていたものと認められる。Y 社の役員・従業員の合計が 15 名であるこ

とからすれば、本件投稿は代表者である C の指示のもとで Y 社の業務として行われたものであると認められる。

D は取締役ではあるが、本件投稿に関与していたとは認められない。

Y 社及び C について、X らに対して連帯して各 110 万円を支払うよう命じるとともに、本件投稿を削除するよう命じた（謝罪広告の掲載については棄却）。

コメント

本件アカウントは匿名のものだったが、発信者情報の開示の結果、法人が特定されて法人及びその役員が訴えられ、損害賠償請求が認容されている。弁護士法人が事務所のインターネット回線を契約していることは多いと思われるが、その回線を用いてアカウントにログインしている場合には、その頻度や内容から、業務として投稿を行っていたものと認定されることもあり得る。従業員が私的に行ったものであるという主張が排斥された事例として参考になる。

参考 ☞ Q33、Q90

Twitter に Youtube 動画を投稿した際の名誉毀損の成否

大阪地判令和 5 年 5 月 16 日裁判所 HP／令和 4 年（ワ）2666号〔28311771〕

事案の概要

　お笑いタレントである A（被告）が、特定の政治家（原告）に経歴疑惑や犯罪歴等があるかのようなタイトルの YouTube 動画のリンク URL を付けてツイートを行った（「本件ツイート」という）。

　本件ツイートには、Twitter の仕様により当該 YouTube 動画のサムネイル（本件サムネイル）が表示され、そこには当該政治家の顔写真、「パワハラ、傷害事件、裏口入学、強姦疑惑…」「経歴ヤバすぎ」などの文言が表示されている。

　さらに本件ツイートには、A のコメントとして「これは下調べがすごいですね。知らなかったことが多いです。政党の人たち＆支持者は事実でないならいますぐ訴えるべきだと思いますよ（笑）」と書かれていた。

　これを受けて、当該政治家（原告）が A（被告）を名誉毀損等で提訴したのが本件である。

判示事項

（1）本件ツイートにより原告の社会的評価が低下したこと

　「本件サムネイルに『強姦疑惑』が『パワハラ』、『傷害事件』、『裏口入学』といった話題と並列して挙げられており、被告においてそれらの話題と『強姦疑惑』の話題とを特に区別することなく、『下調べが凄い』、『知らなかったことが多い』、『事実でないなら今すぐ訴えるべき』などというメッセージを記載していることからすると、本件投稿を見る一般的な読者は、そこにいう『疑惑』とは、何ら根拠を伴わず多くの人が真実と受けとめないようなも

のや、真偽不明なものではなく、相当に具体的で確度の高いものを指していると理解するものと解される。そうすると、本件投稿を見る一般的な読者は、原告が強姦をしたことを強くうかがわせる事実が存在することを被告が述べていると認識するものといえる。」

（2）真実性の抗弁が成立しないこと

「本件において、被告は、原告が強姦したことを強くうかがわせる事実が存在することについて、それが真実であるとの主張立証をしない（真実と信ずるについて相当の理由があることについての主張立証もしない。）。」

（3）損害額について

「本件投稿には、令和4年2月15日の時点で3118件の『いいね』の反応があり（甲1）、本件投稿のリツイート数は、同月14日時点で1000件を超えていること（甲5の3）に照らすと、本件投稿は、相当に多数の人数に見られたものといえる。そして、強姦は、重大な犯罪行為であり、社会的にも厳しい非難の対象となることから、原告が強姦をしたことを強くうかがわせる事実が存在するとの摘示は、原告の社会的評価を大きく低下させるものといえる。

他方で、原告は、本件投稿がされた直後に、『Eさん、これらの誹謗中傷デマは名誉毀損の判決が出ています。言い訳理屈つけてのツイートもダメ、法的手続きします。』との返信ツイートをしており（甲5の1）、被害の拡大は一定程度防止されていると考えられる。また、本件動画（約27分）の中では、原告が強姦をしたことを強くうかがわせる事実は具体的には述べられておらず（甲2、乙2〈枝番号を含む〉）、本件投稿を見た者の中には、本件動画を注意深く視聴して、原告の強姦疑惑についてはこれを裏付ける具体的な根拠がないと認識した者もいると考えられる。」（以上、すべて上記大阪地判令和5・5・16より引用）と判示して、裁判所は、慰謝料100万円及び弁護士費用10万円を認めた。

コメント

　本件は、YouTube のリンク URL を貼るとサムネイル表示がされる仕様を踏まえて、名誉毀損の成立を認めている。本件に限らず、裁判所は一般に X（旧 Twitter）の仕様を前提として利用者の責任を認めているため、利用者においても自分が利用している SNS の仕様を熟知しておく必要があるだろう。

　また、損害額 110 万円の認定において、当該ツイート（現ポスト）に付いた「いいね」の数やリツイート（現リポスト）数等が参照されている点にも着目される。

　なお、本件は双方から控訴されているが、控訴はいずれも棄却されている（大阪高判令和 5・12・21 令和 5 年（ネ）1410 号公刊物未登載〔28320379〕）。

参考　☞ Q33～Q36

スクリーンショットを添付した投稿と著作権侵害の有無

知財高判令和 5 年 4 月 13 日裁判所 HP ／令和 4 年（ネ）10060 号〔28311080〕

事案の概要

　原告は、Twitter に「こないだ発信者情報開示した維新信者 8 人のログイン IP とタイムスタンプが開示された NTT ドコモ 2 人 KDDI 3 人ソフトバンク 2 人楽天モバイル 1 人こんな内訳だった。KDDI が 3 人で多数派なのがありがたい。ソフトバンクが 2 人いるのがウザい　しかし楽天モバイルは初めてだな。どんな対応するか？」というツイート①をした。また、原告は、別のツイート②ないし④も行った。

　その後、別の投稿者 A は、原告の投稿したツイート①をスクリーンショットした画像を添付して、「この方です・・・」と述べるツイート⑤を行った。また、別の投稿者 B は、原告のツイート②ないし④をスクリーンショット画像で添付したうえで、ツイート⑥ないし⑧を行った（ツイート内容の詳細は後記原判決を参照されたい）。

　原告は、A と B が投稿に利用したプロバイダである NTT ドコモを被告として、ツイート⑤ないし⑧が原告の著作権（複製権及び公衆送信権）を侵害するものであるとして、A と B に関する発信者情報の開示を求めた。

　原審（東京地判令和 3・12・10 令和 3 年（ワ）15819 号裁判所 HP〔28300009〕）は、原告の各ツイートには著作物性があり、他人のツイートをスクリーンショットして紹介する方法は Twitter 社（Twitter, Inc.）の規約によって禁止されていることなどからすれば、ツイート⑤ないし⑧は著作権法 32 条の引用の要件を満たさず、他に違法性を阻却する事情も見当たらないとして、原告の請求を認容した。それを受けて被告が控訴した事案である。

判示事項

「そもそも本件規約は本来的にはツイッター社とユーザーとの間の約定であって、その内容が直ちに著作権法上の引用に当たるか否かの判断において検討されるべき公正な慣行の内容となるものではない。（中略）批評に当たり、その対象とするツイートを示す手段として、引用リツイート機能を利用することはできるが、当該機能を用いた場合、元のツイートが変更されたり削除されたりすると、当該機能を用いたツイートにおいて表示される内容にも変更等が生じ、当該批評の趣旨を正しく把握したりその妥当性等を検討したりすることができなくなるおそれがあるのに対し、元のツイートのスクリーンショットを添付してツイートする場合には、そのようなおそれを避けることができるものと解される。そして、弁論の全趣旨によると、現にそのように他のツイートのスクリーンショットを添付してツイートするという行為は、ツイッター上で多数行われているものと認められる。

　以上の諸点を踏まえると、スクリーンショットの添付という引用の方法も、著作権法 32 条 1 項にいう公正な慣行に当たり得るというべきである。」と述べ、A、B の行ったツイート⑤ないし⑧は、原告の各ツイートに対する批評のためにスクリーンショットを利用したものであって、「本件各投稿における原告各投稿のスクリーンショットの添付は、いずれも著作権法 32 条 1 項の引用に当たるか、又は引用に当たる可能性があり、原告（中略）の著作権を侵害することが明らかであると認めるに十分とはいえないというべきである」（上記知財高判令和 5・4・13 より引用）として、原判決を取り消したうえ、原告の請求を棄却した。

コメント

　本判決は、スクリーンショットによって正確な記録が残されること等を理由として、スクリーンショットを添付した投稿は著作権法 32 条 1 項の「公正な慣行」に適合するものとして許容されるとしたものである。こうした見解を前提とすれば、スクリーンショットによる方法だけ

ではなく、同様に正確性を維持して記録ができるいわゆる「ウェブ魚拓」というサービスを利用した引用方法についても、「公正な慣行」に該当すると判断される可能性が高いと思われる。

　もっとも、著作権侵害ではないと判断されるためには、引用の目的が「正当な範囲」で行われる必要がある。したがって、単なる誹謗中傷のためにスクリーンショットを利用する行為などは、引用の要件を充足しないと判断されるおそれもあるので注意が必要である。

参考　☞ Q48

5 未確定の訴訟事件に関する訴訟代理人弁護士の SNS 投稿による名誉毀損の成否

東京地判令和 5 年 2 月 28 日公刊物未登載／令和 1 年（ワ）
27521 号〔28322969〕

事案の概要

本件原告が A に訴えられた別訴（第 1 訴訟）があり、その別訴において、本件被告は A の訴訟代理人として訴訟活動を行っていた弁護士である。

別訴の第 1 審において A が敗訴する判決がなされたところ、本件被告が、Twitter において、その判決内容を要約して引用して紹介しつつ、「事務所社長〔注：別訴の被告代表者であり本件原告〕による違約金（1 億円）を要求する発言は、事実認定の問題」「発言があったと聞いた 2 名の証言を排斥し、『言っていない』と強弁する事務所社長の証言を採用。これも高裁が追認するのか、判断を待ちたいと思います。」と、判決内容を批判する意見を述べた。本件原告（事務所社長）は、この被告の投稿により名誉が毀損されたとして、本件被告に対して、不法行為に基づく損害賠償を求めた（なお、本件請求とともにその他の請求及び争点が多数あるが、本稿では上記の点のみ紹介する）。

判示事項

まず、判決は本件被告の投稿について、別訴判決が、金銭要求発言を聞いたとする 2 名の証人の証言を排斥し、金銭要求発言の存在を否定する原告の証言を採用したという事実を前提として、別訴の「訴訟代理人弁護士としての立場から、原告 X の証言は強弁、すなわち無理に言い訳をするものであって、これを排斥しなかった第 1 訴訟の判決の証拠評価には疑問があるとの意見ないし論評を表明するものと解される。」と評価をした。

そして、そのように評価される投稿について、「民事訴訟は、対立当事者

がそれぞれの主張を展開して判決に至るものであって、ある訴訟において敗訴をした当事者が、当該判決に対して批判的な意見を述べたとしても、敗訴当事者の弁として受け止められるのが通常であるから、被告Y1が、敗訴した第1訴訟原告らの訴訟代理人としての立場で、原告の証言の信用性に関する判断について疑問を呈する内容の意見ないし論評をしたことにより、原告の社会的評価を低下させるものと評価することはできない。」とし、名誉毀損の成立を否定した。

本件原告が指摘した、強弁であるという言葉遣いについて、「『虚偽』であるという事実を主張ないし摘示する直接的ないし断定的な表現は」なく、「『これも高裁が追認するのか、判断を待ちたいと思います。』として、原告Xの証言の信用性については裁判所の証拠評価の問題であるという姿勢を明らかにしている」ことから、本件原告の社会的評価を下げるものではない、と判断した。

また、仮に別訴の証拠評価に関する批判的な意見ないし論評をすることによって付随的に本件原告の社会的評価が下がったとしても、前提事実（金銭要求発言を聞いたとする2名の証人の証言を排斥し、金銭要求発言の存在を否定する原告の証言を採用したこと）は別訴の「判決内容からすれば真実であると認められ、公共目的及び公益性のいずれも肯定され、かつ、論評の範囲を逸脱するものではないことは明らかである。」（以上、すべて上記東京地判令和5・2・28より引用）として、本件において、違法性阻却が成立し得ることを指摘した。

以上のように述べて、本件原告の本件被告に対する請求を棄却した。本件は控訴されたが、東京高判令和5・7・13令和5年（ネ）1734号公刊物未登載〔28322970〕は原判決の判断を維持した。

コメント

　紹介した投稿では、投稿が「敗訴当事者の弁」として受け止められることや、第 1 審判決の判断を根拠としているため、真実性、公共目的及び公益性が認められ、論評の範囲を逸脱するものではないと判断されるなどしているが、本判決では、当該被告弁護士のその他の投稿について名誉毀損が成立すると判断されたものもある。弁護士が受任している紛争について SNS に投稿することには、細心の注意を払うべきである。

参考　☞ Q81

6

SNS 投稿による名誉毀損につき、投稿の一部は真実性の抗弁が認められ、一部は真実性の立証がないとされた事例

旭川地判令和 4 年 12 月 23 日公刊物未登載／令和 3 年（ワ）157 号〔28310806〕

事案の概要

　A 病院に勤める原告が、取引業者に対して、プロ野球のペアチケット手配を依頼し、当該取引業者がそれを無料で手配する旨の返事をした。このやり取りを見ていた職員が、これは贈収賄罪に該当する疑いがあるとして、病院に内部通報をした。その後、その通報者は、パワハラ等を理由に別部門への異動を命じる処分を受けた。

　これらについて、本件雑誌において、「A 病院の"内部告発者潰し"問題で新展開　暴かれた院内での密談　診療放射線科幹部と業者がチケットの席決めを打合せ」との見出しで、原告と取引業者との間でされた野球チケットの手配等に関する会話の内容や、原告が女性と一緒に C を訪れたことなどが記載された記事が、原告が女性とともに C の喫煙室内にいる様子が撮影された写真とともに掲載された。

　市議会議員である被告は、SNS において、以下の各記載部分を含んだコメントとともに本件雑誌を紹介する投稿をした。

① 「そして凄いのが写真、C の喫煙室で問題の中心人物・X"こと放射線課の X' 課長補佐（元 K 労幹部・B 地区連合幹部・当然 E 党の F 市議会議員の後援会重鎮と思われる）と思われる男が連れの女性の尻を撫ぜているのがばっちり写っています、妻（A 病院看護師の偉いさん）じゃなく同僚・某課の女子職員だと思われますが、どう見ても普通の関係じゃないですね（愛人という噂があるのは知ってました）、盛んに『ペア』チケットを要求するわけだ（笑）。」（以下「本件記載 1」とい

う。)

② 「本当にこのメール事件を起こした主犯？　：X'がおかしいんです
　　よ、自分らの不適切行為が『訓告』という本当に最も軽いお目こぼしで
　　済んだのだから大人しくすればよいのに、『公益通報者』に報復なんて
　　考えるから大事件になる、そもそもこの馬鹿共は『公益通報者保護法』
　　の知識も自分らの行為が『贈収賄罪の適用』を受けるという基礎的な法
　　知識すらないきらいがある、もとい、組合・管理職の権力を握って放漫
　　に振舞う結果がこれであり『これから』なんですよね、更にこの問題が
　　広がったらどうなるかの想像力が働かない程度の『傲慢な』愚か者なん
　　ですよ、しかも市役所中を・議会をも巻き込んで、いい迷惑ですよ、私
　　はそう思ってます。」(以下「本件記載2」という。)

　そこで原告は、市議会議員である被告に対し、被告がSNS上に投稿した
記事によって自身の名誉を毀損されたとして不法行為に基づく損害賠償請求
をした(認容額22万円)。

判示事項

(1) 本件記載1について

　「原告が本件女性と不貞関係にあるとの事実が黙示的に摘示されているこ
とは当事者間に争いがないところ、別紙のとおり、本件記事は、最初に本件
雑誌(省略)号記事の内容を指摘した上で、同記事に掲載された写真に写っ
ている本件女性が原告の妻ではないことや、『どう見ても普通の関係じゃな
いですね(愛人という噂があるのは知ってました)』、『盛んに「ペア」チ
ケットを要求するわけだ(笑)』などと記載されており、被告が市議会議員で
あり、原告が市の職員であることも踏まえると、本件記事は、公務員である
原告が、職務上の関係者から、私的に使用する野球チケットを無償で受け取
ろうとした行為を批判し、広く市民に周知する目的で投稿されたものと認め
られる。そして、本件女性職員との不貞関係についても、原告が上記野球の
ペアチケットを受け取ろうとした動機や目的として摘示されているものと解
されるから、公共の利害に関する事実に当たり、かつ、公益目的で摘示した

ものと認められる。

　これに対し、原告は、本件記載1は、原告と本件女性との不貞関係という一公務員のプライバシー、私生活上の行状に関する事実を摘示するもので、公共の利害に関する事実ではないし、原告と被告の政治的な対立関係も背景にあって、原告個人を攻撃することを目的としており、公益目的もないと主張する。しかしながら、上記のとおり、本件記事の内容は、公務員の職務上の不正行為に関する公益性の高いものであり、本件女性との不貞関係についても、その動機及び目的に関連して摘示されたものと解されるから、原告の主張を採用することはできない。」

　「原告は、本件女性と不貞関係にあったことを否定するものの、証拠によれば、本件女性が別の訴訟で原告と不貞関係にあったことを認めており、この点に関し、原告から具体的な反論はされていないから、本件記載1で摘示された事実は真実と認められる。」

　「したがって、本件記載1は原告の名誉を毀損するものであるが、違法性が認められない」

（2）本件記載2〈1〉について

　本件記載2は、「原告が贈収賄罪の適用を受ける人物であること（以下「本件記載2〈1〉」という。）、〈2〉　原告が公益通報者に報復行為をしたこと（以下「本件記載〈2〉」という。）がそれぞれ摘示されている」ところ、「本件記載2〈1〉が意見ないし論評の表明に当たることは、当事者間に争いがなく、上記（2）アで説示したとおり、本件記事は、公務員である原告が、職務上の関係者から野球チケットを無償で受け取ろうとしたことを批判し、広く市民に周知する趣旨で投稿されたものと認められるから、原告に贈収賄罪が適用されるとの意見ないし論評は、公共の利害に関する事実に係り、かつ、公益目的で行われたものと認められる。」

　「そして、上記意見ないし論評の前提になるのは、原告が、本件業者との間で、野球チケットの授受に関するやり取りをした事実と解されるところ、前記前提事実（2）ア、イのとおり、原告は、本件課長と共に、本件業者と

の間で、野球チケットの手配に関するやり取りを行っているから、本件記載2〈1〉の意見ないし論評の前提となる事実の重要な部分について真実であると認められる。」

「本件記載2には、原告を侮辱するような不適切な表現も用いられているが、本件記事の内容が、公務員である原告の職務上の不正行為を非難し、広く市民に周知することを目的とするものであることに照らすと、いずれも意見ないし論評としての域を逸脱したものとまでは認められ」ない。

「したがって、本件記載2〈1〉は原告の名誉を毀損するものではあるが、違法性は認められない。」

(3) 本件記載2〈2〉について

「本件記載2は、最初に、原告の姓の一字を伏字にして名指しした上で、『「公益通報者」に報復なんて考えるから大事件になる』と記載しており、上記『報復』とは、公益通報をされたことを理由に、本件通報者に不利益を与える行為をしたと理解されるところ、本件雑誌（省略）号記事において、本件通報者が野球チケットの問題について内部通報したところ、逆に職場の輪を乱すなどとして事務部門への異動処分を言い渡された旨が記載されていることを踏まえると、本件記載2〈2〉については、野球チケットの問題に主体的に関与していた原告が、本件通報者の事務部門への異動を仕組んだという事実を前提として、原告が本件通報者に対し『報復』を考えたと見解を記載したものであり、意見ないし論評に当たると解するのが相当である。」

「そして、本件記載2〈2〉は、贈収賄疑惑の内部通報者が、公益通報者保護法に反する不利益な取扱いを受けたことを内容とするものであるから、公共の利害に関する事実にあたり、かつ、公益目的に基づくものと認められる。」

「しかしながら、本件記録によっても、原告が本件通報者の事務部門への異動を仕組んだと認めるに足りる的確な証拠は見当たらないから、本件記載2〈2〉の前提となる事実の重要な部分が真実であると認めることはできず、一方当事者である本件通報者の主張やそれに基づく本件雑誌の記事のほか

に、原告が本件通報者の事務部門への異動を仕組んだことを裏付ける客観的な資料、根拠もないから、被告が真実であると信じたことに相当な理由があったとも認められない。」

「したがって、本件記載2〈2〉は、原告の名誉を毀損するもので、違法性及び故意も認められる。」

（4）損害の有無・額について

「上記のとおり、本件記載2〈2〉は、原告が、内部通報をされたことに対する報復として、本件通報者を事務部門へ異動させたという事実を前提にしており、一般の読者に対して、原告が、自己の不正行為を顧みず、かえって不正行為を正そうとした本件通報者に害を加えようとした身勝手な人物であると印象付けるものであるから、原告の社会的評価を低下させるものといえる。これに対し、原告が本件通報者の異動を仕組んだといえるのかについて、被告が双方の主張を踏まえるなどの必要な調査を行ったこともうかがわれず、被告が市議会議員であることも踏まえると、本件記事の影響にも無視し得ないものがあり、十分な根拠もないのに本件記載2〈2〉の意見ないし論評を投稿したことは軽率かつ悪質といわざるを得ない。

被告は、本件記事に先立ち、本件雑誌（省略）号記事等で報じられていたから、本件記事の投稿によって原告に損害は生じていないと主張するが、証拠（甲1、乙2）によれば、本件雑誌の記事には、原告が本件通報者に報復を考えたとの趣旨の記載はされていない上、仮に本件雑誌の記事によって原告の社会的評価が低下していたとしても、本件記事の投稿によりさらに低下させられたと認められるから、被告の主張は採用できない。

もっとも、本件記事の内容は、市職員の職務上の不正行為を指摘し、批判するものであるから、その公益性は高く、原告が本件業者との間の野球チケットに関するやり取りに主体的に関与していたことなど、真実と認められる部分もあること、本件記事が引用する本件雑誌（省略）号記事の内容を踏まえても、原告の報復行為の具体的内容を読み取ることはできず、抽象的記載にとどまること、本件記事が既に削除されたことなどの事情を考慮すると、

原告の精神的苦痛に対する慰謝料は 20 万円の限度で認めるのが相当であり、弁護士費用はその 1 割の 2 万円の限度で相当因果関係のある損害と認める。」
(以上すべて上記旭川地判令和 4・12・23 より引用)

コメント

　投稿ごとに名誉毀損に当たるか否かの結論が分かれている点、および既に雑誌が発売済みであったとしてもなお投稿による損害が認められている点が参考になる。

参考 ☞ Q33、Q36

7

名誉毀損投稿をリツイートした者の賠償責任

東京高判令和 4 年 11 月 10 日判タ 1521 号 81 頁／令和 4 年（ネ）269 号等〔28310088〕

　ジャーナリストであった原告は、2015 年 4 月に訴外 A により性被害を受けたとして、同人を刑事告訴したが、東京地検は 2016 年 7 月に不起訴処分とした。原告は、その後、記者クラブで顔と実名を明らかにして被害を訴える記者会見をしたほか、A に対する民事訴訟を提起し、書籍を出版するという活動を行い、BBC がドキュメンタリーを放送するなどの出来事があった。

　被告 1 は、漫画家であったが、写真やイラストを用いて、原告が枕営業をしていた、金目当てで活動しているなどと指摘する一連のツイート（ツイート 1 ないし 5。なお、ツイートの掲載は省略）を行った。

　被告 2 は、被告 1 の上記ツイートをリツイートした。

　被告 3 は、被告 1 の上記ツイートをリツイートしたり「いいね」をつけるなどしたほか、自ら、「枕営業のキャバ嬢も、みんなジャーナリストになれました」というツイートを行うなどした。

　原告は、これらの被告らの行為が原告の名誉を毀損するもの、名誉感情を侵害するものである等と主張して、慰謝料等の支払いを求めた。これに対して、被告らは、イラストの人物と原告の同定可能性を争うとともに、ツイートには公共性があるなどとして違法性がないと主張した。

　原審（東京地判令和 3・11・30 判タ 1521 号 99 頁〔28300363〕）は、被告 1 のしたツイートのうち 1 を除く 4 つを原告の名誉を毀損するものであったと判断し、違法性阻却事由もないとして、被告 1 に対して 88 万円の損害賠償を認めた。被告 2、3 によるリツイート等については、特段の事情がない限り、元ツイートに対する賛同する意思を示しているとしたうえで、それぞ

れに対して11万円の損害賠償を命じた。

　被告1、2が控訴し、原告も附帯控訴した。原告は、原判決後に被告2が行ったリツイートについても、損害賠償請求を追加した。被告3は控訴していない。

判示事項

　「本件ツイート2については1013人が、本件ツイート3については2358人が、本件ツイート4については2517人が、本件ツイート5については1971人がリツイートするなど、本件ツイート2ないし5は相当多数の読者に閲覧されて拡散していること（中略）ツイッター社は、被告1に対し本件ツイート4の削除を求め、同社の規約違反を理由にこれを削除したことなど本件に現れた諸般の事情を総合考慮すると、原告が被った精神的苦痛に対する慰謝料の額は100万円と認めるのが相当である」として、被告1について、原審よりも慰謝料を増額して合計110万円の賠償を認めた。

　また、被告2による原判決後のリツイートについても「元ツイートにつき、コメントも付さずに、『いいね』の押下とともにされた控訴人Bリツイート2は、（中略）ツイッターを利用する一般の読者の普通の注意と読み方を基準とすれば、本件元ツイート（中略）の内容に賛同する意思を示し、その内容を拡散し流通させるリツイートの投稿者自身の表現行為と解するのが相当である」（以上すべて上記東京高判令和4・11・10より引用）として不法行為の成立を認め、これについて11万円の損害賠償を命じた。

　なお、被告1によるツイートはそれぞれ別個になされたものであるとして、慰謝料を別個に算定して合算することを求める原告の主張や、ツイートの削除を求める請求については排斥されている。

コメント

　本判決は、事実認定とその評価が争点となったものであり、その判断方法は従前の裁判例等の傾向に沿うものといえる。ツイート（現ポスト）については、フォロワー数の多さ、実際のリツイート（現リポスト）回数の多さによって、拡散の度合いは異なってくると思われるので、これらを慰謝料算定の根拠事由の1つとして、原審よりも慰謝料を増額したことも、妥当であったものと考えられる。

　いわゆる単純リツイートについても、「いいね」の押下とともになされていること（当時の仕様では「いいね」が第三者から閲覧可能であった）や、従前の投稿内容なども参照して不法行為の成立を認めており、これについても妥当な判断であったと考えられる。

参考 ☞ Q45、Q46

8

① Twitter の仕様上なされる画像のトリミング表示につき、画像の同一性保持権との関係で「やむを得ないと認められる改変」（著作権法 20 条 2 項 4 号）として、同一性保持権侵害に当たらないとされた事例

② イラストのトレース疑惑を追及するツイートについて、真実性の抗弁により名誉毀損が成立しないとした事例

知財高判令和 4 年 10 月 19 日判時 2575 号 39 頁／令和 4 年（ネ）10019 号〔28302486〕

事案の概要

　プロのイラストレーターである A（被控訴人）が作成したイラスト（本件イラスト）について、氏名不詳者により、第三者のイラストをトレースしたものである」という疑惑を検証・告発する一連のツイート（本件各ツイート、スレッド形式による）がなされた。これを受けて、イラストレーター A がツイッター社（控訴人　Twitter, Inc.）に対し、本件各ツイートについて発信者情報開示を請求したという事案である。

　一審では、①本件各ツイートが A に対する名誉毀損に当たること、② Twitter の仕様上画像がトリミング表示されることがあるところ、本件イラストのトリミング表示が同一性保持権の侵害に当たること等を認定して、請求を認容した。これに対しツイッター社が控訴したのが本件である。

判示事項

（1）名誉毀損について

ア　ツイートによる名誉毀損を判断するに際して、当該ツイートと同一スレッドに同時又は近い時間になされた他のツイートの内容を併せて考慮するべ

きこと

「本件投稿者1が自らの意思で『スレッド』として複数のツイートを本件ツイート1－1と同時に又は本件ツイート1－1に『ツイートを追加』する方式により投稿していること、本件ツイート1－1の一般の読者であるツイッターのユーザーは、上記ツイッターの『スレッド』の仕組みを認識し、同一スレッド内のツイートは相互に関係があるものとして、本件ツイート1－1を含むスレッド内のツイートを読んでいるものと推認されることに照らすと、本件ツイート1－1の投稿による名誉棄損の成否を判断するために当該ツイートの内容を解釈するに当たっては、少なくとも、本件ツイート1－1と同時又は近い時間に、同一スレッド内において投稿されたツイートについては、その内容を併せて考慮するのが相当である」

イ　トレースを指摘されたことにより被控訴人 A の社会的評価が低下したこと

「本件においては、被控訴人が、自身の作成したイラストを販売するプロのイラストレーターとして活動していたことを踏まえると、本件ツイート1－1の内容は、イラストレーターである被控訴人が、他人のイラストをトレースして作成したものを自らの作品として公表するという著作権法上問題となり得る行為をしていたことを意味し、作品の購入者をして、そのようなイラストレーターから作品を購入することを躊躇させるに足る事実であるから、本件投稿者1が本件ツイート1－1を投稿して上記事実を摘示することにより、被控訴人のイラストレーターとしての社会的評価が低下したものと認められる。」

ウ　真実性の抗弁が認められること

（ａ）公共の利害に関する事実であり、公益目的があること

「本件ツイート1－1は、被控訴人が、他人の著作物をトレースして作成したイラストを自己の作品として公表していることを指摘するものであって、著作権法上の問題がある可能性をうかがわせる内容であり、この指摘は、被控訴人がプロのイラストレーターであることに照らすと、被控訴人作成のイラストを購入しようとする需要者にとって重要な情報であるから、本件ツイ

ート1－1を投稿する行為は、公共の利害に関する事実に係るもので、その目的が専ら公益を図ることにあるということができる。」

（ｂ）本件各ツイートによるトレースの指摘が真実である蓋然性が高いこと

「本件ツイート1－1が摘示する事実の重要な部分は、『本件被控訴人イラスト1が、乙1の2イラストを、トレースして作成されたものである』というものであるが、本件被控訴人イラスト1のベースになったと被控訴人が主張する甲29・1頁のイラストと乙1の2イラストを比較すると（乙54）、その構図が類似しており、横顔の輪郭部分は額から頚部に至るまでほぼ一致し、首の角度や耳の位置もほぼ一致していることが認められる。そうすると、その関係は、本件被控訴人イラスト1と乙1の2イラストとにおいても同様と認められるところ、これらの全てが偶然一致したものとは考え難い。」

「『本件被控訴人イラスト1が、乙1の2イラストを、トレースして作成されたものである』という事実は真実である蓋然性が高い。」

（2）著作者人格権侵害（同一性保持権侵害）について

ア　トレースを指摘するために投稿者が重ね合わせた画像は、イラストの改変・切除（著作権法20条1項）に当たるが、「やむを得ないと認められる改変」（20条2項4号）であること

「〈1〉本件ツイート1－1に添付された画像のうち、本件投稿画像1－1－2及び1－1－3は、本件被控訴人イラスト1と乙1の2イラストを重ね合わせたものであり……被控訴人のイラストの改変又は切除に当たると解する余地がある。」

「しかしながら、〈1〉については、著作物がイラストであって重ね合わせて用いることで、引用の目的である批評のために便宜でありかつ客観性が担保できることに加え、その利用の目的及び態様に照らすと、著作権法20条2項4号の『やむを得ないと認められる改変』に当たるといえる。」

イ　Twitterの仕様上トリミング表示された画像もまた、イラストの改変・切除（著作権法20条1項）に当たるが、「やむを得ないと認められる改変」（20条2項4号）であること

「〈2〉ツイッターのタイムライン上に表示された本件ツイート1−1における本件投稿画像1−1−2〜1−1−4は、被控訴人作成のイラストの一部のみが表示されているから……被控訴人のイラストの改変又は切除に当たると解する余地がある。」

「〈2〉についてみると、……ツイッターのタイムライン上の表示は、ツイッターの仕様又はツイートを表示するクライアントアプリの仕様により決定されるものであって、投稿者が自由に設定できるものではなく、投稿者自身も投稿時点では、どのような表示がされるか認識し得ないこと、投稿後も、ツイッターの仕様又はツイートを表示するクライアントアプリの仕様が変更されると、タイムライン上の表示が変更されること、ツイートに添付された画像データ自体は当該ツイートを閲覧したユーザーの端末にダウンロードされており、タイムライン上の画像をクリックすると、画像の全体が表示されることが認められることに照らすと、投稿者が改変主体に当たるかという点を措くとしても、タイムライン上の表示が画像の一部のみとなることは、Twitter を利用するに当たり『やむを得ないと認められる改変』に当たるというべきである。」（以上、すべて上記知財高判令和4・10・19より引用）

コメント

（1）名誉毀損については、「プロのイラストレーターの発表したイラストが、実は他者のイラストをトレースしたものである」という指摘が、真実性の抗弁によって違法性阻却された事例として参考になる。また、名誉毀損を判断するに際し、Twitter（現 X）のスレッドという仕組みに着目して一連のツイートをすべて判断事項に含めている点も参考になるところである（今後複数ツイートにまたがった投稿をするに際しては、スレッド機能の活用が有用となるだろう）。

（2）同一性保持権については、知財高判平成 30・4・25 民集 74 巻 4 号 1480 頁〔28262181〕（後掲 **16** 参照）が、一般に Twitter 仕様上のトリミング機能をもって侵害に当たると判示したところ、本件ではさらに例外規定（著作権法 20 条 2 項 4 号）の判断に踏み込んで判断し

ている点が参考になる。

　なお、Twitter の画像トリミング表示による氏名表示権侵害を認めた
最判令和 2・7・21 民集 74 巻 4 号 1407 頁〔28282084〕（後掲**14**
参照）では、戸倉補足意見で「著作権法 19 条 3 項により、著作者名の
表示を省略することができると解される場合もあり得るであろう」と述
べられている。画像のトリミングによる一般的な権利侵害を前提に、著
作権法上の例外規定を適用した点で、本件も戸倉補足意見の示した枠組
みに沿うものといえる。

参考　☞ Q45

地方議会の参考人に関する議員の投稿と公正な論評の法理

9

津地判令和4年10月6日公刊物未登載／令和3年（ワ）38号／令和3年（ワ）254号〔28302860〕

事案の概要

　原告は性的マイノリティに関する社会教育事業を行う一般社団法人の代表理事であるところ、三重県議会に設置された「差別解消を目指す条例検討特別委員会」（本件委員会）に参考人として招致された。被告は三重県の県議会議員で、本件委員会の委員であった。

　参考人招致後、第三者Aが、本件委員会における原告の発言を編集した動画を付して「原告先生がドン引き」された「挙句に、議長に注意までされちゃいました」「原告先生ってば、不思議ちゃんなところがありますよね」とツイートした（本件元ツイート）。さらに、被告がこれをリツイートした上で、「三重県議会の汚点となる参考人招致と言わざるを得ません...」との引用リツイート（本件投稿）をした。

　原告は、被告の投稿が名誉毀損に当たると主張し、不法行為に基づく330万円の損害賠償を求めて訴訟を提起した（請求棄却）。

判示事項

　裁判所は判断の前提として、原告が性的マイノリティに関する理解を広める活動をしていることを認定し、被告についても三重県における差別禁止条例の制定及びパートナーシップ制度（同性カップルの関係性に対して、地方公共団体が公的な承認を与え、保護を与えようとする制度）の導入に賛成する立場であったことを認定した。

　参考人招致において、原告はパートナーシップ制度の導入については慎重であるべきであり、むしろ理解増進が重要である旨の意見を述べた。これに

対して、被告が、「理解増進で理解増進が進むんかな」との感想を述べたところ、原告が「多様性ということでお話を聞いていただいているはずのところ、それを否定されるようなことを申し上げられるのは非常に不快だ」と述べた。委員長は、原告に対し、上記「不快だ」との発言について、言葉には気を付けるよう注意をした。

これらを前提として、次のとおり判断をした。

「本件投稿は、『三重県議会の汚点となる参考人招致と言わざるを得ません...』というものであり、この文言のみからすれば、三重県議会の参考人招致に対して被告が否定的な意見ないし論評をしたものといえる。もっとも、本件投稿は、本件元ツイートを引用した上でのものであることからすれば、一般の読者の普通の読み方を基準とすれば、本件元ツイートを踏まえた上で被告による投稿部分を理解すると考えられることから、本件投稿の意味内容を検討する際には、本件元ツイートの内容も踏まえる必要がある。」

「本件元ツイートは、本件委員会において、パートナーシップ制度について否定的な意見を述べ、被告の原告の発言に対する感想について原告が不快だと述べたことに対して委員長が注意をしたという流れを編集した動画に、本件委員会で原告がドン引きされた、原告が不思議ちゃんである、といった文言を付している。これらの事実からすれば、本件元ツイートは、原告の本件委員会における意見が、本件委員会における周りの人とは異なっていて原告独自のものであり、加えて、捉えどころのない発言をしたという批判的な意味を含むものといえる。」

「本件投稿は、本件元ツイートを引用した上で行われたものであるから、一般の読者の普通の読み方を基準とすると、原告が本件委員会において、パートナーシップ制度について、否定的な発言をし、かつ委員長からも注意されるような言動をする原告を本件委員会に招致したことが汚点であったとの批判的な意見ないし論評をしたものと解するのが相当である。そして、このことは、本件参考人招致自体が汚点であったというほど、原告が本件委員会の参考人としてふさわしくなかったものとの印象を読者に対して与えるものである」（以上すべて上記津地判令和4・10・6より引用）として、原告の社

会的評価を低下させるものであると認定した。

　続いて、公正な論評の法理の適用があるかについて下記のとおり判断した。

　まず、最判昭和 62・4・24 民集 41 巻 3 号 490 頁〔27100066〕を引用し、「意見ないし論評の表明による名誉毀損の類型に当たるところ、ある事実を基礎としての意見ないし論評の表明による名誉毀損にあっては、その行為が公共の利害に関する事実に係り、かつ、その目的が専ら公益を図ることにあった場合に、その意見ないし論評の前提としている事実が重要な部分について真実であることの証明があったときには、人身攻撃に及ぶなど意見ないし論評としての域を逸脱したものでない限り、違法性を欠くというべきである」とした。

　そして、「本件委員会は、性的マイノリティに関する政策を議題としていたものであり、同政策は、三重県内における重要な政策テーマであったといえる。そして、被告の本件投稿は、本件委員会における原告の発言を前提としたものである。このような重要な政策テーマを扱う本件委員会における参考人招致の内容については、一般に社会的関心の高い事項であることから、本件投稿は、公共の利害に関する事実に係るものと認められる。」

　「被告は、性的マイノリティに関する問題に、三重県議会の内外において積極的に取り組み、その取り組みを自身から積極的に発信もしていた。そして、本件委員会における原告の発言内容を聞いて、被告は本件参考人招致に賛成したこと自体に対して後悔の念を抱いていたところ、原告の本件委員会における発言を編集した動画と原告に対する批判を含む投稿（本件元ツイート）を目にしたことから、自分自身への自戒の念も込めて本件投稿をするに至った。」とし、「目的が専ら公益を図ることにあるかどうかについては、表現の主たる目的が公益を図ることで足りる。」と判断基準を示したうえで、この投稿の経緯からすれば、「被告 Y の本件投稿の主たる目的は公益を図ることにあったと認めるのが相当」とした。

　意見論評の前提としている事実の真実性については、「本件投稿の意見ないし論評の前提とした事実は、原告の本件委員会におけるパートナーシップ

制度に対する否定的な発言及び委員長から注意を受けたこと」であり、これらの事実については、真実であると認められるとした。

最後に、意見ないし論評としての域を逸脱したものかどうかについては、「本件投稿の文言である『汚点』という表現は穏当なものとはいえないものの、本件投稿が『汚点』の対象としたものは、本件参考人招致自体であり、原告の人格そのものをことさらに貶めたり侮辱したりするようなものではないから、意見ないし論評としての域を逸脱したものとはいえない。また、本件投稿が、本件元ツイートにおける原告が『ドン引きされた』、『不思議ちゃん』であるとの部分を引用していることを考慮しても、原告の本件委員会における言動等を踏まえた上での投稿であることは容易に認識でき、原告の人格そのものをことさら貶めたり侮辱したりするものとはいえない。」として、公正な論評の法理によって違法性を欠くものとして、原告の請求を棄却した。

本件は控訴されたが、名古屋高判令和5・5・24令和4年（ネ）930号公刊物未登載〔28312050〕は原判決の判断を維持した。

コメント

　SNSの投稿によって批評をするときには、批評の対象者の社会的評価を低下させることが多い。批評を受けた対象者が名誉毀損であると主張することも想定して、真実性や公共の利害に関するかどうか、公正な論評となっているかなど、違法性阻却事由があるといえるかどうか注意しておく必要がある。

参考 ☞ Q33、Q36

逮捕報道を転載して事実を摘示したツイートの削除が認められた事例

最判令和4年6月24日民集76巻5号1170頁／令和2年（受）1442号〔28301574〕

事案の概要

上告人は、旅館の女性用浴場の脱衣所に侵入したとの被疑事実で逮捕された。その後、建造物侵入罪により罰金刑に処せられ、その罰金を納付した。上告人が上記被疑事実で逮捕された事実（以下「本件事実」という）は、逮捕当日に報道され、その記事が複数の報道機関のウェブサイトに掲載された。

同日、Twitter 上の氏名不詳者らのアカウントにおいて、本件各ツイートがされた。本件各ツイートは、いずれも上記の報道記事の一部を転載して本件事実を摘示するものであり、そのうちの1つを除き、その転載された報道記事のウェブページへのリンクが設定されたものであった。なお、報道機関のウェブサイトにおいて、本件各ツイートに転載された報道記事はいずれも既に削除されている。

上告人は、上記の逮捕の時点では会社員であったが、提訴時は、その父が営む事業の手伝いをするなどして生活している。また、上告人は、上記逮捕の数年後に婚姻したが、配偶者に対して本件事実を伝えていない。

このような事情の中、上告人がツイッター社（Twitter, Inc.）に対し、本件各ツイートの削除を求めた事案である。

判示事項

「原審は、上記事実関係の下において、要旨次のとおり判断して、上告人の請求を棄却した。被上告人がツイッターの利用者に提供しているサービスの内容やツイッターの利用の実態等に照らすと、上告人が被上告人に対して

本件各ツイートの削除を求めることができるのは、上告人の本件事実を公表されない法的利益と本件各ツイートを一般の閲覧に供し続ける理由に関する諸事情を比較衡量した結果、上告人の本件事実を公表されない法的利益が優越することが明らかな場合に限られると解するのが相当であるところ、上告人の本件事実を公表されない法的利益が優越することが明らかであるとはいえない。」

「しかしながら、原審の上記判断は是認することができない。その理由は、次のとおりである。

（1）　個人のプライバシーに属する事実をみだりに公表されない利益は、法的保護の対象となるというべきであり、このような人格的価値を侵害された者は、人格権に基づき、加害者に対し、現に行われている侵害行為を排除し、又は将来生ずべき侵害を予防するため、侵害行為の差止めを求めることができるものと解される〔「石に泳ぐ魚」事件（最判平成14・9・24集民207号243頁〔28072521〕）、最判平成29・1・31民集71巻1号63頁〔28250362〕参照〕。そして、ツイッターが、その利用者に対し、情報発信の場やツイートの中から必要な情報を入手する手段を提供するなどしていることを踏まえると、上告人が、本件各ツイートにより上告人のプライバシーが侵害されたとして、ツイッターを運営して本件各ツイートを一般の閲覧に供し続ける被上告人に対し、人格権に基づき、本件各ツイートの削除を求めることができるか否かは、本件事実の性質及び内容、本件各ツイートによって本件事実が伝達される範囲と上告人が被る具体的被害の程度、上告人の社会的地位や影響力、本件各ツイートの目的や意義、本件各ツイートがされた時の社会的状況とその後の変化など、上告人の本件事実を公表されない法的利益と本件各ツイートを一般の閲覧に供し続ける理由に関する諸事情を比較衡量して判断すべきもので、その結果、上告人の本件事実を公表されない法的利益が本件各ツイートを一般の閲覧に供し続ける理由に優越する場合には、本件各ツイートの削除を求めることができるものと解するのが相当である。原審は、上告人が被上告人に対して本件各ツイートの削除を求めることができるのは、上告人の本件事実を公表されない法的利益が優越することが明ら

かな場合に限られるとするが、被上告人がツイッターの利用者に提供している サービスの内容やツイッターの利用の実態等を考慮しても、そのように解することはできない。

(2) 本件事実は、他人にみだりに知られたくない上告人のプライバシーに属する事実である。他方で、本件事実は、不特定多数の者が利用する場所において行われた軽微とはいえない犯罪事実に関するものとして、本件各ツイートがされた時点においては、公共の利害に関する事実であったといえる。しかし、上告人の逮捕から原審の口頭弁論終結時まで約8年が経過し、上告人が受けた刑の言渡しはその効力を失っており（刑法34条の2第1項後段）、本件各ツイートに転載された報道記事も既に削除されていることなどからすれば、本件事実の公共の利害との関わりの程度は小さくなってきている。また、本件各ツイートは、上告人の逮捕当日にされたものであり、140文字という字数制限の下で、上記報道記事の一部を転載して本件事実を摘示したものであって、ツイッターの利用者に対して本件事実を速報することを目的としてされたものとうかがわれ、長期間にわたって閲覧され続けることを想定してされたものであるとは認め難い。さらに、膨大な数に上るツイートの中で本件各ツイートが特に注目を集めているといった事情はうかがわれないものの、上告人の氏名を条件としてツイートを検索すると検索結果として本件各ツイートが表示されるのであるから、本件事実を知らない上告人と面識のある者に本件事実が伝達される可能性が小さいとはいえない。加えて、上告人は、その父が営む事業の手伝いをするなどして生活している者であり、公的立場にある者ではない。

　以上の諸事情に照らすと、上告人の本件事実を公表されない法的利益が本件各ツイートを一般の閲覧に供し続ける理由に優越するものと認めるのが相当である。したがって、上告人は、被上告人に対し、本件各ツイートの削除を求めることができる。」（以上、すべて上記最判令和4・6・24より引用）

コメント

　ツイート（現ポスト）の削除を認めなかった原審の判断を変更している。比較衡量の際の考慮要素としてどのような事情を拾っているのかが参考になる。

参考　☞ Q37

プロフィール画像への第三者の写真の使用

11

知財高判令和 3 年 5 月 31 日裁判所 HP ／令和 2 年（ネ）
10010 号／令和 2 年（ネ）10011 号〔28292062〕

事案の概要

　職業写真家である被控訴人が、控訴人（Twitter, Inc.）が運営する Twitter（現 X）において、被控訴人の著作物である本件写真（3 点）が、①氏名不詳者により無断でアカウントのプロフィール画像又は投稿の一部として用いられ、その後当該アカウントに係るウェブページに表示されたことにより著作権（自動公衆送信権）が侵害され、②氏名不詳者による投稿に伴って当該アカウントに係るウェブページに丸くトリミングされて表示されたことにより著作者人格権（同一性保持権）が侵害されたと主張して、令和 3 年法律 27 号改正前プロバイダ責任制限法 4 条 1 項に基づき、発信者情報開示を求めた事案（なお、被控訴人は、原審では、控訴人に対する民法 709 条及び著作権法 114 条 3 項に基づく損害賠償も請求も行っていたが、これは控訴審で取り下げられた）。

判示事項

（1） 被控訴人が開示の対象とする最新ログインの時点において、控訴人のサーバからクライアントコンピュータに対して画像データが送信されたものではないから、最新ログイン時点において著作権（自動公衆送信権）は侵害されていない。したがって、最新ログインの時点において不作為によって自動公衆送信権が侵害されているとの被控訴人の主張は失当である。アカウント作成者が画像データを削除しないことが不作為による侵害に該当し、侵害情報の流通によって被控訴人の著作権が侵害されたことが明らかでとは認められない。

（2） プロバイダ責任制限法は、特定の記録、入力という積極的な行為が行

われ、その行為により情報が流通し、その情報の流通自体によって権利が侵害された場合に、そのような情報の記録、入力という作為をした者を発信者としてその発信者の情報の開示を請求することができると定めているから、発信者に該当するというためには、ある決まった内容の特定のデータを記録するという積極的な行為を行う必要がある。ところが、当該ツイートによりサーバに送信されたHTML等のデータは、決まった内容の特定のデータとしてサーバに保存されるものではなく、Twitterシステムにより自動的に作成され、一般のユーザが当該ツイートを閲覧する際にも、ある決まった内容の特定のデータがサーバから当該ユーザの端末に配信されるものではなく、ユーザの環境に応じて最適化されたHTML等のデータが生成され配信されるものであるから、当該ツイート行為は特定のデータを記録する行為ではなく、当該ツイート行為を行った者は発信者に当たらない。したがって、当該アカウント利用者は侵害行為の主体ではなく、侵害情報の流通によって被控訴人の同一性保持権が侵害されたことは明らかであるとはいえない。

（3）被控訴人の著作物である写真が正方形又は長方形の写真であったところ、当該ユーザのプロフィール画像として使用されることにより、ユーザが閲覧する際にはそれらの一部のみがクライアントコンピュータにおいて円形の写真として表示されている。本件円形表示は著作者の意に反して改変するものと評価することができる。そして、本件円形表示において、画像の全体の形状等の外面的な表現形式に改変が加えられたものの、被写体の形態、性状、色彩の主要部分が原著作物である本件写真と同様に表示されているから、本件円形表示により本件写真の表現形式上の本質的な特徴を感得することができる。したがって、本件円形表示によって本件写真の同一性保持権が侵害されたことは明らかであるものと認められる。本件円形表示は「やむを得ないと認められる改変」（著作権法20条2項4号）に該当しない。したがって、本件円形表示により本件写真に係る被控訴人の同一性保持権が侵害されたことは明らかである。

（4）被控訴人の著作物である写真が正方形又は長方形の写真であったところ、当該ユーザのプロフィール画像として円形表示されることにより、著作

者名の表示の付された部分が切除された形でウェブページの閲覧者の端末に表示される。閲覧者は、本件円形表示をクリックすることにより、著作者名の表示のある本件写真を見ることができるが、著作者名の表示のある元の画像は、上記クリックにより、上記ウェブページとは別のウェブページで見ることができるにとどまるし、閲覧者が本件円形表示を通常クリックするのが通常であるといえるような事情もうかがわれない。また、別のプロフィール写真については、既に著作者名の表示の付された部分が切除されていたから、ウェブページの閲覧者は、本件円形表示をクリックしても著作者名の表示のある写真を見ることはできない。本件円形表示が小さく、プロフィール画像設定行為により設定・登録された画像の解像度が原著作物よりも低いとしても、本件円形表示に表示された各写真は、他の画像に埋没するようなこともなく、それのみ独立の画像として認識し得る態様で表示されており、円形のトリミングにより削られたところは別として、細部はともかく、被写体の形態、性状、色彩の主要部分が原著作物である写真と同様に表示されているから、著作物としての本質的特徴を感得できるような態様で表示されていると認められる。したがって、本件円形表示により本件写真が表示されるようにしたことにより、著作物としての本件写真を利用したものであると認められ、「公衆への提供若しくは提示」（著作権法 19 条 1 項）に該当するものと認められる。自動的・機械的に円形表示がされるといい得る余地があるからといって、それだけで直ちに本件円形表示が著作権法 19 条 3 項の例外規定に該当するとはいえないとして、発信者情報開示請求を認容した。

コメント

　SNS のアイコンのために、インターネット上に掲載されている写真を切り抜いて使用されている例が多くみられるが、無断で使用したときには著作権の侵害を避けられない。法曹としては、そのような写真の盗用は避けるべきである。

参考 ☞ Q11、Q43

12 記事を引用したツイートによる名誉毀損
東京地判令和 3 年 3 月 16 日判夕 1490 号 216 頁／令和 2 年（ワ）1522 号〔28291369〕

事案の概要

　原告 NHK とその職員（ディレクターである甲）が特定の放火事件（京都アニメーション第 1 スタジオが放火され多くの死傷者が出た事件）に関与している旨のインターネット上の配信記事及びそれを引用した Twitter 投稿について、記事作成と投稿に関与した被告に対して、名誉毀損による損害賠償請求と名誉回復処分としての謝罪文書の交付を求めた事案である。

判示事項

　一般の閲覧が可能なインターネット上の記事の意味内容が他人の社会的評価を低下させるものであるかどうかは、一般の閲覧者の普通の注意と読み方を基準として判断すべきである（最判昭和 31・7・20 民集 10 巻 8 号 1059 頁〔27002893〕、最判平成 24・3・23 集民 240 号 149 頁〔28180702〕参照）。

　本件記事の内容について、一般の閲覧者の普通の注意と読み方をした場合、原告が本件放火事件に関与しており、その関与を隠蔽するために、原告の職員である甲が、本件放火事件の犯人の遺留品を警察に先んじて無断で回収し、しかもその際に指紋が残らないように軍手を用いたとの事実を摘示するものと解されるから、本件記事は、原告及び甲が、殺人罪、現住建造物放火罪に該当する重大犯罪が疑われる本件放火事件に関与したうえに、それに関する証拠隠滅行為に及んだとの印象を与えるものであり、原告の社会的評価を低下させるものと認められる。

　また、本件ツイートは、本件記事のタイトルである「【京アニ放火】NHK の甲 D はなぜ放火犯の遺留品を回収したのか・・・しかも軍手これが最大の謎」との文言及び本件記事内の一部の画像を掲載するとともに、本件記事へのハイパーリンクを付したものであることが認められる。本件ツイートの

内容について、一般の閲覧者の普通の注意と読み方をした場合、原告の職員である甲が、本件放火事件の犯人の遺留品を回収し、その際に指紋が残らないように軍手を用いたとの事実を摘示するものと解されるから、本件ツイートは、本件記事への誘因となるにとどまらず、それ自体によって、原告の職員である甲が、本件放火事件に関与しており、それについての証拠隠滅行為に及んだとの印象を与えるものであり、甲の使用者である原告の社会的評価を低下させるものと認められる。

なお、本件サイトには、「記事については、すべて編集責任者が執筆・チェックした上で投稿をしています。」「ただし、あくまで記事内容は一つの見解であり、その内容の正誤についての保証はいたしかねます。また、本情報に基づいた結果被った被害などについて、弊社は一切責任を負わないこととします。」と記載されていることが認められるが、そのような記載のあることが不法行為の成立の妨げとなるものではない。

本件記事の閲覧回数は本件記事の投稿から約2週間で6万2068回に上っており、本件記事が削除された令和元年12月中旬頃までの間に多くの者が本件記事を閲覧したと推認されること、他方において、本件サイトはインターネット上の掲示板等を情報源とするまとめ記事等を配信しているものであって、その外観上本件サイトにおける情報の信頼性が高いとまではいえないこと、被告が本件記事をその投稿から約5か月後には削除し、本件サイトにおいて本件謝罪記事を公表したこと等を考慮すると、被告が本件記事を投稿したことによる原告の無形損害は250万円と認めるのが相当である。

また、本件Twitterは、前記説示のとおり、本件記事の全文を表示するものではないが、そのタイトルを表示しており、それ自体によって原告の社会的評価を一定程度低下させるものであること、Twitterの性質上、本件ツイートを閲覧した者が本件ツイートを引用した記事を投稿（リツイート）することによって、本件ツイート及びこれが引用する本件記事の内容が無制限に伝播する危険があること、他方において、本件Twitterアカウントのフォロワー数は令和2年1月21日時点において6336人であり、本件ツイートが本件記事と比較して多くの者に閲覧されたとまではいえないこと、被告が令和

元年 12 月中旬頃に本件記事とともに本件ツイートを削除したこと等を考慮すれば、被告が本件ツイートを投稿したことによる原告の無形損害は 50 万円と認めるのが相当である。

本件投稿行為と相当因果関係のある本件訴訟の弁護士費用は、本件事案の難易、請求額、認容額その他諸般の事情を総合考慮すると、30 万円が相当である。なお、原告に企業内弁護士が所属していたとしても、外部の弁護士の高い専門性に期待して訴訟委任をすることが不当であるとはいえないから、そのような事情は上記の判断を左右するものではない。

加えて、原告が本件記事の投稿者を特定するために要した調査費用については、原告は弁護士に委任して、本件記事の投稿者を特定するために発信者情報開示請求の裁判を提起しており、その手続に要した費用は、実費として 1 万 9510 円、弁護士費用として 29 万 9370 円の合計 31 万 8880 円であると認められる。これらの調査費用は、発信者情報開示請求の裁判の認容判決に基づき、本件記事を匿名で投稿した発信者の氏名・名称、住所及びメールアドレスの開示を受けるために必要なものであり、上記裁判に要した弁護士費用は委任事務の内容や報酬金額に照らして相当であって、本件訴訟の弁護士費用と重なるものではないから、その全額について本件投稿行為と相当因果関係のある損害と認められる。

なお、記事の削除等がなされたことなどを考慮すると、金銭賠償に加えて謝罪文書の交付まで命じることが適当とは認められない。

コメント

根拠のない事実を記載した記事を引用したツイート（現ポスト）の投稿によっても不法行為が成立するとされた事例である。本件では、元記事を作成した者とそれを引用して投稿した者は同一であったが、第三者の社会的評価を低下させる記事を引用して SNS に投稿をすることには留意が必要である。

参考 ☞ Q33、Q45

クチコミ投稿における名誉毀損の成否

東京高判令和 2 年 12 月 9 日判タ 1481 号 70 頁／令和 2 年
（ネ）1959 号〔28291035〕
【原審】東京地判令和 2 年 3 月 19 日公刊物未登載／令和 1 年
（ワ）14308 号〔29060091〕

事案の概要

　家屋の外壁塗装業を営む会社である原告は、被控訴人（GOOGLE LLC）が管理運営する Google マップの口コミ投稿欄において、「営業の電話がしつこいです」「塗装がはがれてきて連絡したらあり得ない理由をつけて保証しようとしない」などの記事が発信者により投稿された。そこで、これらの記事の発信者に対して名誉棄損等による損害賠償請求をするために必要であるとして、被控訴人に対して、本件発信者を特定するための氏名や電子メールアドレス等の情報を開示するよう求めた事例。

判示事項

（1） 原審は、以下の理由により原告の請求を棄却した。

【本件投稿記事 1】

　「営業の電話がしつこいです。特定商取引法の 17 条で勧誘を断った消費者への再勧誘は禁止されているのに何度も掛かってきます。特定商取引法に基づいた電話ですか？　と尋ねたところ、よく知らないです、との回答。法律も守れない会社と取引する気はありません。担当者の名前と電話番号をメモして消費センターなどへ報告しました。取引法が改正されたので、違反の報告が集まれば罰則を受けるかもしれませんね。」

【本件投稿記事 2】

　「超悪徳不良会社　H さん同様塗装がはがれてきて連絡したらあり得ない理由をつけて保証しようとしない。しかもこちらは一年あまりしか立っていない。ちゃんと対応しないので消費生活センターのお世話になることになり

ました。絶対この業者は使ってはいけません。その後口コミを調べると同じ内容がいっぱい　Ⅰの相談内容をご覧ください。繰り返しますが決して決して契約してはなりません。」

【本件投稿記事 3】

「15 年保証の割に 10 年未満で塗装した壁が剥がれる。保証してもらいたくて見てもらうも何だかんだ言い訳をして半年以上そのまま放置。結局経年劣化を理由に保証なし。修理するのに（壁一部分だけ）施工時の半分近くの金額を提示される。もうこんなところには頼まない。」

（以上、すべて上記東京地判令和 2・3・19 より引用）

　本件投稿記事 1 について、原告の社会的評価を低下させるものであるとしつつ、本件投稿記事 1 の投稿者に再度の電話勧誘がされた可能性を否定することはできないこと、摘示事実を前提とする意見の表明を含めて、同記事による名誉毀損につき違法性阻却事由の存在をうかがわせる事情が存在しないとは認められないことから、同記事の流通による原告への権利侵害が明白であるとは認められないとした。

　本件投稿記事 2 について、原告の社会的評価を低下させるものであるとした。原告が当該投稿者を国民生活センターの紛争解決手続（和解の仲介）の申請を行った者と同一人物である旨主張しているところ、同種の別事案に関する投稿である可能性が全くないとはいえないこと、仮に同一事案であったとしても本件投稿記事 2 の内容が真実に反するとは認められないこと「超悪徳不良会社」という意見の表明も、本件投稿記事 2 の摘示事実が真実であるとすれば、意見ないし論評としての域を逸脱したものであるとはいえないことなどが認められる。したがって、本件投稿記事 2 は、公共の利害に関する事実に係り、かつ、投稿の目的が主として公益を図ることにあり、その記載内容が真実である可能性を否定することができず、摘示事実を前提とする意見の表明を含めて、同記事による名誉毀損につき違法性阻却事由の存在をうかがわせる事情が存在しないとは認められないため、同記事の流通による原告への権利侵害が明白であるとは認められないとした。

本件投稿記事3について、原告の社会的評価を低下させるものであるとしつつ、原告の調査では本件投稿記事3に該当する顧客はいなかった旨の主張は、原告がそのように主張するにすぎず、裏付けとなる証拠は提出されておらず、調査の内容が明らかでないうえ、このような顧客とのトラブルがすべて原告に報告されるとも限らないことから、原告の主張する事情は同記事の内容が真実に反することをうかがわせる事情として十分なものとはいえないとした。そして、事業に伴う評価は、当該法人と取引等を行うことを検討する者にとって有益な情報となり得るため、上記投稿による事実の摘示や意見の表明に公共性・公益目的がないとはいえないとし、同記事による名誉毀損につき違法性阻却事由の存在をうかがわせる事情が存在しないとは認められないため、同記事の流通による原告への権利侵害が明白であるとは認められないとした。

　以上のとおり、いずれの投稿記事についても発信者情報開示請求の理由がないものとされた。

（2） 控訴審は、以下のとおり発信者情報の開示を命じた。

　令和3年法律27号改正前プロバイダ責任制限法4条1項（以下、「旧4条1項」という）による開示関係役務提供者が保有する権利侵害にかかる発信者情報の開示の請求は、当該発信者情報が請求者の損害賠償請求権の行使のために必要である場合その他発信者情報の開示を受けるべき正当な理由があるときであって「侵害情報の流通によって当該開示の請求をする者の権利が侵害されたことが明らかであるとき」に限ってできるとされている。そして、「当該開示の請求をする者の権利が侵害されたことが明らかであるとき」とは、立法担当者の説明によれば、当該侵害情報の流通によって請求者の名誉が毀損されたことに加え、違法性阻却事由の存在をうかがわせるような事情の存在しないことが必要であり、侵害情報の流通が事実の摘示を伴う場合には、当該情報の流通が公共の利害に関する事実に係るものであり、かつ、その目的が専ら公益を図ることにあること、さらに、摘示された事実が真実であることについて、これらをうかがわせるような事情が存在しないことを要するものとされている。プロバイダ責任制限法は、インターネット等の特

定電気通信の特性から、権利侵害情報の送信について関係役務提供者の損害賠償責任を制限するとともに、権利を侵害された者が当該情報の発信者に対して損害賠償請求権を行使するに当たって必要な発信者情報の開示手続を定めたものである。そして、権利侵害された者と発信者間の訴訟においては、本来、違法性阻却事由として発信者が主張・立証しなければならないものを、プロバイダ責任制限法旧4条により、発信者情報開示請求訴訟においては、請求原因として権利侵害された者の主張立証責任であると定めたのは、発信者情報が発信者のプライバシーに関する事柄であって、発信者の匿名性を維持しつつ、発信者自身の手続参加を予定していない訴訟構造の中で発信者のプライバシー及び表現の自由の利益と権利侵害された者の権利回復を図る必要性との調和を図るための措置であると解される。したがって、プロバイダ責任制限法旧4条の「権利侵害が明らか」についての解釈においても、権利侵害された者が権利回復を図ることができないような解釈運用がされるべきでないことが前提となっているというべきである（ちなみに「権利侵害」の中には権利を侵害された者が立証することが難しい発信者の故意過失や責任阻却（真実と信じるにつき相当の事由があること）は入っていないと解釈されている）。

　そして、本件投稿記事1ないし3はいずれも控訴人（原告）の社会的名誉を低下させるものであるとし、不法行為の成立を阻却する事由の存在をうかがわせる事情の存否について以下のとおり判断した。

　本件投稿記事はいずれも控訴人と取引をすることを検討している消費者の業者選択の参考になるものであるから、公共の利害に関する事実に係り、専ら公益を図る目的でされたものと認めることができる。

　そして、プロバイダ責任制限法旧4条において権利侵害の明白性の要件が設けられ、違法性阻却事由の存在をうかがわせる事情がないこと、すなわち、違法性阻却事由の不存在が必要であるとされているとしても、この立証責任の転換によって、被害者である控訴人におよそ再度の電話勧誘をすることはなかったという不可能に近い立証まで強いることは相当でないとして、本件投稿記事1については、証拠によって「権利侵害の明白性」の立証は一

応できていると認定すべきであるとし、発信者情報の開示を認めた。

コメント

　発信者情報開示の段階の判断であるが、Google マップの口コミ投稿欄の記載につき、権利侵害の明白性の立証ができているかどうか、記載内容によって判断が分かれている。不法行為の成立阻却事由の立証に関する裁判所の考え方の参考となる。なお、同種の事案として東京地判令和 5・5・10 令和 3 年（ワ）21882 号公刊物未登載〔29078942〕があり、当該事案では権利侵害の明白性がないとして原告の請求が棄却されている。

参考 ☞ Q33

リツイートにより添付画像がトリミング表示された結果、画像の氏名表示部分が見切れることが、画像の著作権者に対する氏名表示権侵害となるとされた事案

最判令和 2 年 7 月 21 日民集 74 巻 4 号 1407 頁／平成 30 年（受）1412 号〔28282084〕

事案の概要

写真家 A が撮影した画像を自分のブログに掲載していたところ、何者かがこれを無断盗用して Twitter 上に投稿した（元ツイート）。B らは、この元ツイートをリツイートした（本件各リツイート）。

元画像の下部には © マーク付きで写真家 A の氏名が表示されていたが、元ツイート及び本件リツイートでは、Twitter のシステム上の仕様により、上下が切り取られた形で表示されていた（トリミング表示という）。このトリミング表示により、本件元画像の下部に表示されていた写真家 A の氏名は見えなくなっていた（ただし、閲覧者がトリミング画像をクリックすると、氏名表示された元画像が表示される）。

写真家 A（被上告人）は、B ら（本件各リツイート者）のリツイートによる氏名表示権侵害等があったとして、Twitter 社（上告人）に対し、発信者情報開示請求を行った。控訴審で同一性保持権侵害、氏名表示権侵害が認められて請求認容となり、このうち氏名表示権侵害の争点について上告受理されたのが本件である。

【元の画像（イメージ図）】

転載厳禁

©広島弁護士実務研究会

【本件元ツイート（イメージ図）】

鈴木一郎 @suzuki_ichiro515151
お客様のためにすてきな花束をご
用意いたします。
ご応募は DM まで。
2024/4/11 08:12

判示事項

「被上告人は、本件写真画像の隅に著作者名の表示として本件氏名表示部分を付していたが、本件各リツイート者が本件各リツイートによって本件リンク画像表示データを送信したことにより、本件各表示画像はトリミングされた形で表示されることになり本件氏名表示部分が表示されなくなったものである（なお、このような画像の表示の仕方は、ツイッターのシステムの仕様によるものであるが、他方で、本件各リツイート者は、それを認識しているか否かにかかわらず、そのようなシステムを利用して本件各リツイートを行っており、上記の事態は、客観的には、その本件各リツイート者の行為によって現実に生ずるに至ったことが明らかである。）。また、本件各リツイート者は、本件各リツイートによって本件各表示画像を表示した本件各ウェブページにおいて、他に本件写真の著作者名の表示をしなかったものである。

そして、本件各リツイート記事中の本件各表示画像をクリックすれば、本件氏名表示部分がある本件元画像を見ることができるとしても、本件各表示画像が表示されているウェブページとは別個のウェブページに本件氏名表示部分があるというにとどまり、本件各ウェブページを閲覧するユーザーは、

本件各表示画像をクリックしない限り、著作者名の表示を目にすることはない。また、同ユーザーが本件各表示画像を通常クリックするといえるような事情もうかがわれない。そうすると、本件各リツイート記事中の本件各表示画像をクリックすれば、本件氏名表示部分がある本件元画像を見ることができるということをもって、本件各リツイート者が著作者名を表示したことになるものではないというべきである。」（上記最判令和2・7・21より引用）

コメント

　元画像に著作権者の氏名表示がある画像について、Twitter（現 X）に掲載した際にトリミング表示により氏名表示が見切れてしまうと氏名表示権侵害になることを示した判例である。なお、戸倉補足意見で著作権法19条3項の適用可能性も指摘されているが、本件でその点は検討されていない。

　また、本件で問題となった画像のトリミング表示は元ツイートの段階から生じていたが、リツイートにより独自にトリミングが生じている（Twitter（現 X）のシステムの仕様上、リツイート（現リポスト）時に再度元画像をトリミングし直すことになる）ことも注目される。

　上告審では氏名表示権の争点のみが受理されたが、本件の控訴審では同じくトリミングによる同一性保持権侵害を認めている（知財高判平成30・4・25民集74巻4号1480頁〔28262181〕。後掲**16**参照）。

参考 ☞ Q45（3）

15

なりすましアカウントについてのログイン情報開示請求

東京高判平成 30 年 6 月 13 日判時 2418 号 3 頁／平成 29 年（ネ）5572 号〔28274183〕

　原告は、宗教法人 A の代表者であり、平成 23 年 5 月に Twitter のアカウントを開設し、経歴や顔写真を登録した。氏名不詳者 B は、平成 27 年 12 月に、Twitter アカウントを開設し、その際、プロフィール欄に「A のプライベートアカウントです」などと記載し、A が自己のアカウントに利用している顔写真を流用して登録した。B のアカウントは非公開アカウント（B が許可した者だけがツイートを読むことができる）として運用されたが、その後、凍結された。

　原告は、Twitter 社から B のアカウントにログインした IP アドレス（平成 29 年 1 月から 3 月まで）の開示を受けたところ、当該アドレスは被告プロバイダが保有しているものであることが判明した。そこで、原告は、アカウント B が原告の権利を侵害していることが明白であるとして、令和 3 年法律 27 号改正前プロバイダ責任制限法に基づいて発信者情報の開示を請求した。

　原審（東京地判平成 29・11・24 判時 2418 号 7 頁〔29046044〕）は、被告が保有する発信者情報は、B アカウント開設から 1 年以上も後にログインされたときのものであって、原告の権利侵害がなされたアカウント開設時のものではなく、権利侵害の明白性がないとして原告の請求を棄却した。そのため、原告が控訴した事案である。

判示事項

「ツイッターの仕組みは、設定されたアカウントにログインし（ログイン情報の送信）、ログインされた状態で投稿する（侵害情報の送信）、というものであるから、時的な先後関係にかかわらず、ログイン者と投稿者は同一である蓋然性が高いことが認められる一方、本件アカウントは、後記2のとおり、控訴人本人になりすました本件プロフィール等をトップページに表示し続けながら、ツイートを非公開として使用されてきたもので、法人が営業用に用いるなど複数名でアカウントを共有しているとか、アカウント使用者が変更されたとか、上記の同一性を妨げるような事情は何ら認められない。

　このような事実からすると、本件IPアドレスを割り当てられてログインした者は、本件プロフィール等を投稿した者と推認するのが相当であるから、本件IPアドレス等から把握される発信者情報は、侵害情報である本件プロフィール等の投稿者のものと認めるのが相当である。」

　Bアカウントのプロフィール等は、「あたかも、控訴人アカウントを公的なもの、本件アカウントを私的なものとして、いずれも控訴人が自ら開設したものであるかのように装っているものであると認められる。そして、本件証拠関係の下では、本件アカウントの開設、使用について、控訴人の同意もなく、不法行為の成立を阻却するような事情は何ら認められない。」として、発信者情報の開示を認めた。

コメント

　本判決は、権利侵害がなされたときに利用されたIPアドレスそのものでなくても、アカウントにログインしたときのIPアドレスであれば開示の対象となると判断したものである。Twitter（現X）のログ保存期間が数か月と短期であること、投稿に当たってはログインが不可欠であり、他人にログインに必要な情報を開示することは通常ではあり得ないことなどの事情からすると、被害者救済のために合理的な判断を行ったものとして評価できる。

なお、プロバイダ責任制限法はその後に改正され、令和4年10月に施行された（令和3年法律27号）。プロバイダ責任制限法5条で、Twitter（現X）のようなログイン型サービスにおいて、一定の要件のもとでログイン情報の開示請求ができることが規定された（中澤佑一著『令和3年改正法対応　発信者情報開示命令活用マニュアル』中央経済社（2023年）13頁）。

参考　☞ Q10

16

① 画像付きの元ツイートが画像の著作権者の公衆送信権を侵害しているとき、リツイートでこれを拡散することが直ちに公衆送信権侵害には当たらないとされた事例

② リツイートによる画像のトリミング表示が、画像の著作権者に対する同一性保持権侵害に当たるとされた事例

知財高判平成 30 年 4 月 25 日民集 74 巻 4 号 1480 頁／平成 28 年（ネ）10101 号〔28262181〕

事案の概要

写真家 A が撮影した画像を自分のブログに掲載していたところ、何者かがこれを無断盗用して Twitter 上に投稿した（元ツイート）。B らは、この元ツイートをリツイートした（本件各リツイート）。

元ツイート及び本件リツイートでは、Twitter のシステム上の仕様により、画像の上下が切り取られた形で表示されていた（トリミング表示という）。

写真家 A（控訴人）は、B らのリツイートによる公衆送信権侵害、同一性保持権侵害、氏名表示権侵害等があったとして、Twitter 社（被控訴人）に対し、発信者情報開示請求を行った。

一審（東京地判平成 28・9・15 民集 74 巻 4 号 1453 頁〔28243636〕）では B らのリツイートによる権利侵害はないとして請求棄却されたところ、これに対する控訴審が本件である。（氏名表示権の争点については上告受理されているため省略。参照：前掲**14**最判令和 2・7・21 民集 74 巻 4 号 1407 頁〔28282084〕）

（1）公衆送信権侵害について

ア　本件の「侵害情報」は流通情報 2（2）のデータ（元ツイートの URL によるデータ）であること

「控訴人が著作権を有しているのは、本件写真であるところ、本件写真のデータは、リンク先である流通情報 2（2）に係るサーバーにしかないから、送信されている著作物のデータは、流通情報 2（2）のデータのみである。上記のとおり、公衆送信は、『公衆によって直接受信されることを目的として送信を行うこと』であるから、公衆送信権侵害との関係では、流通情報 2（2）のデータのみが『侵害情報』というべきであって、控訴人が主張する『ブラウザ用レンダリングデータ』あるいは HTML データ等を『侵害情報』と捉えることはできない。」

イ　「侵害情報」を上記アと捉えると、自動公衆送信の主体は元ツイート者であってリツイート者ではなく、リツイート者に公衆送信権侵害は成立しないこと

「自動公衆送信の主体は、当該装置が受信者からの求めに応じ、情報を自動的に送信できる状態を作り出す行為を行う者と解されるところ〔最判平成 23・1・18 民集 65 巻 1 号 121 頁〔28170099〕参照〕、本件写真のデータは、流通情報 2（2）のデータのみが送信されていることからすると、その自動公衆送信の主体は、流通情報 2（2）の URL の開設者であって、本件リツイート者らではないというべきである。」

「著作権侵害行為の主体が誰であるかは、行為の対象、方法、行為への関与の内容、程度等の諸般の事情を総合的に考慮して、規範的に解釈すべきであり、カラオケ法理と呼ばれるものも、その適用の一場面であると解される〔最判平成 23・1・20 民集 65 巻 1 号 399 頁〔28170101〕参照〕が、本件において、本件リツイート者らを自動公衆送信の主体というべき事情は認め難い。」

（2）トリミングによる画像の改変が生じ、同一性保持権が侵害されたこと

「本件アカウント 3〜5 のタイムラインにおいて表示されている画像は、流通情報 2（2）の画像とは異なるものであること（縦横の大きさが異なるし、トリミングされており、控訴人の氏名も表示されていない）が認められる。」

「表示するに際して、HTML プログラムや CSS プログラム等により、位置や大きさなどを指定されたために、本件アカウント 3〜5 のタイムラインにおいて表示されている画像は流通目録 3〜5 のような画像となったものと認められるから、本件リツイート者らによって改変されたもので、同一性保持権が侵害されているということができる。」

コメント

上記は、控訴審判決のうちリツイートによる公衆送信権侵害、同一性保持権侵害の成否のポイントをピックアップしたものである。本件及び本件の上告審である最判令和 2・7・21 民集 74 巻 4 号 1407 頁〔28282084〕（前掲 14）については本文 Q45（3）に詳しいので、そちらも参照されたい。

同一性保持権侵害については、一般にトリミングが同一性保持権の侵害となり得るとしても、さらに例外規定（著作権法 20 条 2 項 4 号）の検討も問題となり得る。Twitter（現 X）の仕様による画像トリミングについて、著作権法 20 条 2 項 4 号該当性を判断した知財高判令和 4・10・19 判時 2575 号 39 頁〔28302486〕も本書に掲載している（前掲 8）ので、併せて参照されたい。

参考　☞ Q45（3）

なりすましアカウントへの対応

17 さいたま地決平成 29 年 10 月 3 日判時 2378 号 22 頁／平成 29 年（ヨ）200 号〔28261596〕

事案の概要

　他人が債権者（若手起業家としてインターネット上でも氏名と合わせて活動が紹介される著名人）を装って開設した Twitter（現 X）のアカウントにより人格権が侵害されているとして、当時 Twitter を運営していた債務者ツイッター社（Twitter, Inc.）に対し、Twitter のアカウント全体の削除を求めた仮処分申立に対し、これを認容してアカウント全体の削除を命じた事例。

判示事項

　本件投稿記事は、広く社会的活動を行っている著名人である債権者（A）について、インターネット上に流布している元 AV 女優の氏名（B）と等号で結ばれて「A＝B」と Twitter 上に表現されれば、これを読む一般読者の普通の注意と読み方を基準としても、債権者が元 AV 女優であるとの事実を摘示するものと理解することができるといえる。

　債権者は、本件アカウントにおいて投稿されている個別の投稿記事やその他の個別のコンテンツ（例えばヘッダ画像やプロフィール欄の記載等）の削除ではなく、本件アカウント全体の削除を求めている。これに対し、債務者は、債権者は、自らの権利を侵害すると主張する情報の具体的内容及び具体的範囲を明らかにしたうえで、当該情報のみの削除を求めるべきであって、漫然と本件アカウント全体の削除を求めることは認められないと主張する。しかし、本件アカウントは、アカウント名、プロフィール欄の記載、ヘッダ画像及び投稿記事のすべてにおいて、債権者が本件アカウントを開設したかのように装い偽ったうえで、閲覧者に対し、債権者が元 AV 女優であって、

投稿した画像のアダルトビデオに出演しているかのような印象を与え、かつ、債権者がそのような画像を投稿したかのような印象を与えることを目的として開設され表現がされたものと認められる。このように外形的にみても、本件アカウントは、アカウント全体が、債権者の人格権を侵害することのみを目的とした、明らかな不法行為を行う内容の表現である。アカウント全体が不法行為を目的とすることが明白であり、これにより重大な権利侵害がされている場合には、権利救済のためにアカウント全体の削除をすることが真にやむを得ないものというべきであり、例外的にアカウント全体の削除を求めることができると解するのが相当である。

> **コメント**
>
> なりすましのアカウントが発生し、そのアカウントによる投稿が名誉を毀損する目的であると判断され、アカウント全体の削除が認容された裁判例である。なりすましアカウントの作成は、弁護士に対する業務妨害の方法ともなり得る。なお、本件では、無担保により仮処分命令が発令されており、債務者から異議が申し立てられたものの、後に異議は取り下げられ確定している。

参考 ☞ Q5

索引（五十音順）

編集・執筆者一覧

（令和 6 年 11 月 1 日現在）

編集代表

森山　直樹（もりやま　なおき）

広島弁護士会

森山法律事務所

執筆者（五十音順）

粟井　良佑（あわい　りょうすけ）

広島弁護士会

安芸海田法律事務所

兒玉　浩生（こだま　ひろき）

広島弁護士会

兒玉法律事務所

近藤　剛史（こんどう　たけし）

広島弁護士会

近藤・石口法律事務所

原田　武彦（はらだ　たけひこ）

広島弁護士会

鯉城総合法律事務所

研究会プロフィール

広島弁護士実務研究会
（ひろしまべんごしじつむけんきゅうかい）

　広島弁護士実務研究会とは、広島に縁のある弁護士有志による研究会です。近年めまぐるしく変化している弁護士実務について、最新の情報を積極的に取得し、ジャンルを問わず議論、研究しています。今後も執筆陣の変動はありつつも、定期的に有用な書籍の執筆を目指していきたいと考えています。

サービス・インフォメーション

━━━━━━━━━━━━━━━━━━━ 通話無料 ━━━━━━

①商品に関するご照会・お申込みのご依頼
　　　　　TEL 0120(203)694／FAX 0120(302)640
②ご住所・ご名義等各種変更のご連絡
　　　　　TEL 0120(203)696／FAX 0120(202)974
③請求・お支払いに関するご照会・ご要望
　　　　　TEL 0120(203)695／FAX 0120(202)973

●フリーダイヤル（TEL）の受付時間は、土・日・祝日を除く
　9:00～17:30です。
●FAXは24時間受け付けておりますので、あわせてご利用ください。

改訂版　Q&A　弁護士のためのSNSの正しい活用術

2019年2月25日　初版発行
2025年1月15日　改訂版発行

編　著　　広島弁護士実務研究会

発行者　　田　中　英　弥

発行所　　第一法規株式会社
　　　　　〒107-8560　東京都港区南青山2-11-17
　　　　　ホームページ　https://www.daiichihoki.co.jp/

装　丁　　篠　隆二

弁護士SNS改　ISBN 978-4-474-02185-3　C2032（7）